18 crônicas
e mais algumas

Maria Rita Kehl

18 crônicas
e mais algumas

Copyright © Boitempo Editorial, 2011
Copyright © Maria Rita Kehl, 2011

Coordenação editorial
Ivana Jinkings

Editora-adjunta
Bibiana Leme

Assistência editorial
Caio Ribeiro

Preparação
Mariana Tavares

Diagramação
Livia Campos

Capa
Antonio Kehl
a partir da obra de Claudio Cretti – série Bombinhas
óleo e pó de grafite sobre pergaminho, 2011

Produção
Adriana F. B. Zerbinati

CIP-BRASIL. CATALOGAÇÃO-NA-FONTE
SINDICATO NACIONAL DOS EDITORES DE LIVROS, RJ

K35d

Kehl, Maria Rita
    18 crônicas e mais algumas / Maria Rita Kehl. - São Paulo : Boitempo,
2011.

    ISBN 978-85-7559-185-7

    1. Psicanálise - Crônicas. I. Título.

11-5510.   CDD: 869.98
                          CDU: 821.134.3(81)-3
26.08.11   01.09.11   029223

É vedada, nos termos da lei, a reprodução de qualquer
parte deste livro sem a expressa autorização da editora.

Este livro atende às normas do acordo ortográfico em vigor desde janeiro de 2009.

1ª edição: outubro de 2011; 1ª reimpressão: março de 2014

BOITEMPO EDITORIAL
Jinkings Editores Associados Ltda.
Rua Pereira Leite, 373
05442-000 São Paulo SP
Tel./fax: (11) 3875-7250 / 3875-7285
editor@boitempoeditorial.com.br | www.boitempoeditorial.com.br
www.blogdaboitempo.com.br | www.facebook.com/boitempo
www.twitter.com/editoraboitempo | www.youtube.com/imprensaboitempo

Sumário

Introdução – Uma psicanalista na imprensa	9
Primeira Parte	
Meu tempo	21
Antibiografia	23
Os sem-cidade	25
O que os homens querem da mulher?	28
A morte do sentido	31
Os vira-latas do Bumba	34
Tortura, por que não?	37
Delicadeza	40
Eis que chega a roda-viva	43
A pátria em copas	46
Tristes trópicos	49
Há método em sua loucura	52
Estradas	55
Educação sentimental	58
Cultura pra quê?	61
Pra não dizer que não falei	64
Repulsa ao sexo	67
Dois pesos...	70

Segunda Parte

Deus é um vírus?	75
Exibidos e escondidos	78
Por uma vida menos banal	81
Propostas irrecusáveis	84
Sexo dos anjos	87
Speakeasy no divã	90
Telespectadores hiperativos	93
Uma identidade acuada	96
Vícios públicos, virtudes privadas	100
Vidas supérfluas, mortes anônimas	103
Futebol	107
À sua imagem e semelhança	109
A lógica da droga está em toda a parte	111
As drogas e a saúde do país	113
A matança dos suspeitos	115
Você tem medo de quê?	119
O passado é um lugar seguro	121
Sua única vida	124
Clientes especiais	126
Nós é que caímos	129
Fatalismo	131
O que pode uma mulher?	133
O impensável	136
Qual preço você pagaria?	139
Sonhos do avesso	142
Fascismo banal	146
Fontes dos textos	151
Sobre a autora	153

Introdução
Uma psicanalista
na imprensa

Talvez não exista no mundo nenhuma legislação que originalmente puna a mentira. O que quer dizer que existe uma esfera da não violência na convivência humana que é totalmente inacessível à violência: a esfera propriamente dita do "entendimento", a linguagem.

Walter Benjamin

O que deve escrever uma (um) psicanalista nas páginas de um jornal? Parece óbvio – pelo menos entre colegas de profissão – que sua primeira missão seja divulgar a psicanálise entre leigos. Se assim for, que seja feito com cuidado. Mesmo quando praticado com honestidade, o proselitismo tem limites. Na melhor das hipóteses, fica chato e previsível. Na pior, transforma-se em propaganda – à qual, invariavelmente, o epíteto "enganosa" assenta melhor que uma luva. Vale acrescentar que o profissional que utilizasse o espaço regular de um veículo de comunicação para divulgar a própria profissão despertaria, com razão, desconfiança nos leitores. Não estaria advogando em causa própria?

Caberia, então, ao psicanalista aproveitar o espaço na mídia para explicar ao leitor, com base na teoria freudiana, certos fenômenos e "comportamentos" que intrigam a sociedade? Com frequência, é o que esperam editores e repórteres que nos solicitam entrevistas, na esperança de obter o selo "Freud explica" como recurso prestigioso para a compreensão de todo e qualquer fenômeno social que inquiete os leitores e, pela mesma razão, ajude a vender jornais. Também nesse caso há de se ter cautela. Desde que, em meados do século passado, a psicanálise popularizou-se – pelo menos entre setores intelectualizados das classes médias, na Europa e nas Américas –, muito já se usou e abusou do jargão freudiano para explicar de crimes passionais a tendências de consumo, de corrupções a revoluções. Não há fenômeno da vida social que não se deixe envolver pela embalagem elegante do pacote *psi*: desde o "trauma" até o sintoma histérico, desde o complexo de Édipo até as perversões. O impacto inquietante que a notícia sobre o inconsciente provocou nas sociedades bem-comportadas do início do século XX deu lugar, cem anos depois, à expectativa de que a psicanálise ofereça explicações confortadoras para o mal-estar na civilização. Mas a psicanálise não tem vocação apaziguadora. A grande potência do dispositivo analítico continua a ser a de desestabilizar – certezas, crenças, ilusões, defesas neuróticas, fortalezas narcísicas.

Por outro lado, o interesse leigo pela psicanálise também tem aspectos positivos. Apesar do avanço do prestígio das neurociências, auxiliado pela poderosa máquina de influenciar comportamentos dos laboratórios farmacêuticos, o mundo contemporâneo ainda manifesta grande interesse pelos fenômenos do inconsciente.

A restrição que faço ao abuso de explicações psicológicas para tentar esclarecer as raízes dos fenômenos sociais que nos inquietam é que elas costumam naturalizar as razões do sofrimento social e, com isso, produzir conformismo em relação aos possíveis aspectos políticos do problema. "O ser humano é assim mesmo, Freud explica", diz o conformista ilustrado, buscando acomodar a consciência a situações de caráter avesso à ilustração em nome da qual ele se pronuncia. Ora, o *corpus* teórico da psicanálise, quando não participa da teoria crítica – única empreitada bem-sucedida a aliar a potência investigativa da psicanálise à do materialismo dialético –, não é aplicável fora da clínica. Somente na situação transferencial a teoria tem a função de nortear a escuta e as intervenções do analista na direção de uma cura que passa, necessariamente, pela indagação do sujeito a respeito de seu desejo. Por isso, em psicanálise, o termo "cura" não se confunde com o ideal médico de normalização das funções vitais e/ou sociais, mas sim, ao contrário, aposta no encontro entre o sujeito e a sua mais íntima anormalidade, sua singularidade radical.

A psicanálise, a rigor, não é aplicável a situações fora da relação de transferência que a clínica propicia. Há quem diga que o próprio inconsciente seja um fenômeno de laboratório, que só existe em presença do analista, se a transferência se estabelecer. Um purismo de tal monta deixa de levar em consideração os fenômenos coletivos estudados pelo que Freud chamou de "psicologia das massas". Sim, o inconsciente participa da política. O psicanalista deve levar isso em conta a cada vez que, no dizer de Lacan, pretender abarcar com sua prática o horizonte subjetivo de sua época. Mas as formações do inconsciente que se manifestam na vida pública não são redutíveis àquelas que determinam a posição do sujeito frente ao seu sintoma e ao Outro. O sintoma, quando social, não se reduz a uma mera amplificação daquele dito individual – embora, por vias diferentes, ambos possam ser entendidos como tentativas de responder a uma suposta demanda do Outro.

A psicanálise, desde a sua criação, nunca foi uma flor de laboratório confinada ao espaço clínico que propicia a transferência; mas também não se presta ao papel de teoria disponível para explicar todas as bizarrices que o humano, sozinho ou em grupo, é capaz de praticar. Aliás, vale dizer que a psicanálise (assim como seu irmão gêmeo em importância no século XX, o materialismo histórico) não é uma *teoria aplicável*, à maneira dos modelos teóricos fechados, a situações individuais e/ou econômicas e sociais. A potência da psicanálise freudiana e a do materialismo histórico de raiz marxista se mantêm até os nossos dias porque, em ambos os casos, a teoria é sustentada por pressupostos dinâmicos aliados a métodos investigativos capazes de auxiliar a compreensão das tensões sociais, das crises econômicas, da dominação entre classes, assim como das motivações desconhecidas, ditas inconscientes, das ações individuais e grupais.

Em ambos os casos, a teoria precisa renovar-se constantemente para absorver as transformações que seus objetos, dinâmicos em essência, nunca param de sofrer. Tal instabilidade do objeto não impede que psicanalistas e marxistas se instalem na confortável linha de montagem da produção acadêmica. Nunca é demais lembrar a advertência de Lacan de que a psicanálise não é um discurso universitário. Nossa paixão pela segurança, tão humana, que nos leva a querer estar sempre sob a sombra de um mestre ou, o que é pior, de uma instituição, às vezes nos impede de entender que a psicanálise se pratica e se escreve a perigo. Ou será que isso vale para todo verdadeiro ato, seja político, clínico ou de escrita?

A função da escrita do psicanalista – se ele escreve a partir de sua prática profissional, não como poeta, romancista, cronista, filósofo amador ou o que mais ele queira – deveria ser, acima de tudo, investigativa. Isso é o oposto do que se chama de *psicanálise aplicada*, reprodução mecânica do cânone teórico para "explicar" um filme, um livro, um assassinato ou um golpe militar. O melhor que um psicanalista pode fazer na imprensa é quase idêntico ao melhor que pode fazer um jornalista vocacionado: indagar o objeto de seu interesse, para além dos automatismos ideológicos e do conforto da teoria aplicada. A diferença está no instrumental de que cada um dispõe e do objeto a ser investigado. Indagar sobre a história (marxismo), os "fatos" (jornalismo), as motivações e/ou consequências silenciadas de um fato (psicanálise).

Pensando bem, "silenciadas" pode ser um eufemismo para o termo exato: "inconscientes". Se toda psicanálise, como escreveu Freud, é uma "psicologia de grupo", já que o sujeito é indissociável do campo simbólico a que pertence, daí decorre que alguns conceitos da clínica psicanalítica podem, sim, esclarecer fenômenos da vida social. Palavras, ideias e percepções podem ser recalcadas por uma determinada cultura – silenciadas, proibidas ou simplesmente encobertas pelos automatismos de pensamento, julgamento e ação a que chamamos ideologia. Ora: todas as formações sociais sobre as quais a palavra silencia (pelo menos, em seu alcance público) estão sujeitas a manifestações sintomáticas. O sintoma, essa tentativa de manter o recalque e, ao mesmo tempo, dar vazão ao impulso que se associa à representação recalcada, também pode se manifestar na vida social.

A tarefa do psicanalista que escreve para leitores leigos não seria, prioritariamente, a de aplicar conceitos freudianos para explicar todos os acontecimentos que afetam as condições do laço social. Se o psicanalista, por efeito de sua prática clínica, encontra-se em uma posição privilegiada para "vislumbrar no horizonte a subjetividade de sua época", tal posição deveria torná-lo capaz de trazer para o campo simbólico alguns fragmentos de gozo (a que chamamos o Real) que ameaçam e desorganizam a vida em sociedade. Nisso não estamos sozinhos: os filósofos, os sociólogos, os artistas em geral compartilham dessa mesma empreitada de incluir as manifestações cegas do Real no campo simbólico, de farejar o recalcado e desvendar o sintoma social, sempre que isso estiver ao alcance de seu pensamento crítico ou de sua intuição.

Se sua observação for equivocada – porque não existe diagnóstico certeiro, menos ainda fora da clínica –, ao menos terá colocado a bola em campo. A palavra cava um buraco no muro de silêncio, ou de crenças pétreas, que obscurece a visão das raízes do sofrimento social. É óbvio que o psicanalista que escreve na imprensa, assim como o bom jornalista, não é profeta nem adivinho. Por mais ousada que seja sua palavra, ao entrar em circulação no espaço público ela estará sujeita a críticas, elogios e contestações. Na pior das hipóteses, será irrelevante. Na melhor delas, terá contribuído com a discussão de um fato, uma crença, um automatismo ideológico que, sem isso, passariam despercebidos ou despertariam apenas o conformismo indignado e silencioso dos leitores. Se for bem-sucedido, o autor talvez encontre quem lhe diga que ele escreveu o que muita gente pensa. "Você escreveu o que eu queria ter escrito" é uma das frases que atesta a pontaria do escritor. A outra possibilidade, de que um leitor se diga indignado com as "bobagens" escritas por ele, pode indicar que o autor errou a pontaria. Ou não: quem sabe a crítica revele que o texto cumpriu seu destino e, por isso mesmo, incomodou muita gente – como acontece com frequência entre jornalistas com direito a expressar sua opinião e assinar embaixo.

Só agora, seis meses depois de ter perdido minha coluna quinzenal em um grande jornal paulista, sob alegação de não ter ocupado o espaço de que dispunha para escrever como psicanalista, sinto-me capaz de formular com clareza isto que, desde sempre, foi para mim uma convicção. Todo texto autoral publicado na imprensa não especializada tem por vocação ser opinativo e analítico, no sentido amplo do termo. Penso que, ao ocupar esse lugar público, o psicanalista não deve se imbuir do papel daquele que explica o mal-estar. O psicanalista é o mais perplexo de todos os cidadãos, que, por deformação profissional ou pela estrutura psíquica que determinou sua escolha, não consegue deixar de ser afetado, atravessado, pelas formações do inconsciente da sociedade em que vive. Por isso, a escrita do psicanalista é sempre clínica – mas não sua aplicação.

O que distingue o lugar do psicanalista na imprensa não é o número de vezes que ele se refere a Freud, a Lacan ou ao complexo de Édipo, nem é a escolha de pautas relacionadas à vida íntima e aos problemas amorosos ou familiares. O que poderia diferenciar o psicanalista que escreve em jornais, e que, acima de tudo – que isto não seja esquecido –, é também um cidadão, é o modo como sua experiência clínica pode ajudá-lo não a explicar, mas a escutar o sintoma social. É a abertura para as manifestações do inconsciente, não a explicação teórica, que faz com que um texto seja psicanalítico – não "ao invés de" jornalístico, e sim "além de".

Isso vale também para a escrita teórica de grande porte. A escrita psicanalítica não é a palavra do explicador professoral nem do especialista.

Em uma carta dirigida a mim, pouco antes de sua morte, Hélio Pellegrino afirmou que, no seu entender, o psicanalista deveria ser o contrário de um especialista, uma vez que sua prática profissional exige que ele se deixe afetar pela palavra do outro. Transformar-se em uma "caixa de percussão", foi como Hélio Pellegrino definiu a posição subjetiva desse profissional. Também sua escrita deveria esgalhar-se em todas as direções de onde se manifeste o enigma do retorno do recalcado. Enigma diante do qual o psicanalista não se coloca como aquele que sabe e sim como o *clown* que não se constrange em manifestar sua perplexidade a fim de *desnaturalizar* tudo aquilo – a violência, a corrupção, a injustiça, a burrice que se conforma, a desigualdade, os abusos de poder – que somos levados a aceitar como se fossem fatalidades da vida social.

Fui jornalista antes de ser psicanalista. Comecei a escrever no extinto *Jornal do Bairro*, dirigido pelo escritor Raduan Nassar e editado pelo generoso José Carlos Abbate, que me ensinou a formatação jornalística do texto. Isso se deu um ano depois de entrar em vigor a lei que impedia a contratação, pelos veículos da imprensa, de profissionais não formados em jornalismo – o que me condenou ao eterno lugar de escritora *freelancer*, a partir do qual acabei por colher as desvantagens e as vantagens da não especialização. Vivi exclusivamente dos ganhos com artigos jornalísticos durante os sete anos seguintes, sob a forma dos contratos mais irregulares, tanto na grande imprensa como na chamada imprensa nanica, que, na década de 1970, fazia oposição à ditadura militar.

Mesmo depois que comecei a exercer a função de psicanalista clínica, nunca deixei de escrever para revistas e jornais de maior ou menor circulação – às vezes, sob encomenda de algum editor. Com maior frequência, publiquei textos de "opinião", por iniciativa minha. A escrita jornalística me fez conhecer, mais do que os livros publicados ou os textos editados em revistas de psicanálise, a alegria incomparável de constituir uma voz que se faz reconhecer e escutar de imediato, no espaço público. Assim como o psicanalista, o autor de artigos assinados na grande imprensa só se autoriza por si mesmo. Se o texto for ruim, irrelevante ou longo demais, pode ser recusado pelo editor. Mas raramente um bom editor recusa o texto polêmico, ainda quando discorde dele. A polêmica é a faísca que intensifica a ligação do leitor com o jornal. Minha experiência é de que quanto mais provocativo for o texto, mais chances terá de conseguir espaço em uma página de jornal.

Por conta disso, existem os provocadores profissionais, que garantem seu espaço incomodando os leitores, desafiando o senso comum, tenham ou não alguma coisa interessante a dizer. Tenho dúvidas quanto à lisura desse expediente: a provocação vazia pode mobilizar paixões tristes entre os leitores, mas raramente mobiliza pensamento. Em 1988, publiquei na *Folha de S.Paulo* um texto muito curto de crítica ao estilo de Paulo Francis, então colunista daquele jornal. Afirmava que a máquina de provocar, acionada por Francis com grande maestria e forte dose de dogmatismo, tinha a função de impactar e intimidar o leitor, de modo a impedi-lo de pensar. O leitor de Paulo Francis aderia ao seu ponto de vista por efeito de fascinação ou por medo de humilhação, nunca por ter sido convocado a refletir junto com o autor.

O jornal não protege o *freelancer* das bobagens que ele escreve em nome próprio, embora – como fui perceber, em 2010, com o episódio do cancelamento da minha coluna no *Estado de S. Paulo* – nem tudo o que leve a assinatura do autor seja aceito pela diretoria ou pelo corpo de acionistas, ainda quando o tema seja atual e o texto encontre um bom número de leitores. Os verdadeiros provocadores profissionais, em geral, não se arriscam nesse terreno: cutucam o leitor, nunca o patrão. Eu também não quis arriscar-me, pelo menos não pelo puro gosto do risco. Mas é preciso que eu diga, com a máxima honestidade: mesmo nos casos em que não ignorava o perigo que minha escolha representava para a continuidade da coluna, quando uma pauta se impunha ao meu pensamento e ao meu desejo não me sentia capaz de escolher outro tema, menos comprometedor. O *ego* não escolhe nada. Quem escolhe é o desejo (inconsciente), ou o sintoma. No meu caso, ao se aproximar a data da escrita da coluna, um acontecimento daquela semana *me escolhia*. Então, já não podia mais livrar-me dele – a não ser por escrito. A elaboração do texto é uma espécie de cura para o impacto (traumático?) do acontecimento.

Foi assim com o deslizamento do morro do Bumba, em Niterói, em abril de 2010, quando passei um mês como escritora convidada em Berkeley (Califórnia, EUA) e pensava que, estando longe do Brasil, seria melhor escolher uma pauta fria ou um tema mais atemporal, mais pessoal, quem sabe mais "literário". Quando vi na internet a notícia da tragédia em Niterói e a foto do cachorrinho encolhido, friorento, encharcado e cheio de medo, a coluna começou a se escrever sozinha em meu pensamento. Foi assim também com a discussão sobre o aborto, lançada de maneira pouco leal pelos articuladores da campanha presidencial de José Serra. Foi assim com o texto "Dois pesos...", que provocou o cancelamento da coluna no *Estado*. Os melhores textos, do ponto de vista do prazer da escrita, são esses que se impõem, que se escrevem no pensamento muito antes de se ter tempo de encarar o teclado do computador. São as pautas necessárias – se não para o leitor, ao menos para o autor. Daí a carga de verdade que contêm. Verdade subjetiva daquele que escreve, que nem assim tem poder de preservar o escritor do erro.

Talvez por conta disso, o leitor há de notar a predominância de temas dolorosos entre os escolhidos para este livro. O Brasil dói. O Brasil traumatiza. Aqui, a irresponsabilidade generalizada do poder público obriga cada cidadão a encarregar-se, sozinho e com parcos recursos privados, de remendar em sua vida particular os buracos que o Estado e seus representantes de todos os escalões não deveriam ter deixado que se abrissem. Dói a violência inscrita na ordem social brasileira. Dói o jogo cínico da política. A seguir, mas não nessa ordem rigorosa, estão a dor e a vergonha de constatar a persistência da desigualdade brasileira no campo dos direitos do cidadão e dos deveres do Estado. Impotente diante dos fatos, sinto necessidade de escrever: o texto *parece* que pode – pode o quê? Quase nada. No melhor dos casos, ele dispara o relé que acende uma pequena faísca que talvez se propague durante algumas horas. Poucas horas.

Raras vezes escrevi crônicas descompromissadas, embora talvez estas tenham sido as que maior prazer eu tive em escrever: "Pra não dizer que não falei", sobre as flores vadias que crescem nos canteiros da cidade, na primavera. "Estradas", dois episódios rodoviários inventados, ocorridos com um filho e um pai, separadamente. Crônicas que alimentaram velhas veleidades literárias. Mas o país urge, o país arde, o país exige reflexão. Acontece que sou brasileira e tudo, aqui, me diz respeito. Não por patriotismo, mas por identificação com o percurso vivido. Acontece também que sou psicanalista, tocada pela dor do mundo. E ainda metade jornalista, afetada pelo imperativo do tempo presente. Não abandono as veleidades literárias. Adio para a velhice, quando talvez não tenha mais razões nem tempo para dizer "ainda não".

O Brasil é cativante e áspero, acolhedor e cruel. Escrever cura? É paliativo? Esparadrapo? Um pouco de cada um, e também uma via de acesso, para aquele que escreve, àquilo que ele sabe sem saber que sabe. Diante de acontecimentos muito impactantes é frequente que eu não saiba o que dizer e o que pensar; mas tenho a convicção de que sei *por escrito*. Então escrevo para tomar posse do que já sabia sem saber, pensamento disforme do qual só consigo me aproximar ao ler o texto que ele produziu em mim. Só depois – penso nisso agora – o texto escrito irá circular no espaço público e, com sorte, introduzir um microacontecimento no campo virtual a que chamamos "país". Essa é a aposta de quem escreve.

Agosto de 2011

P.S.: Os textos que compõem este livro, à época em que foram escritos, só tinham sentido se encontrassem de imediato espaço para publicação. Por isso, agradeço aos editores que me convidaram ou aceitaram publicar estas crônicas: Ricardo Azevedo e Rose Spina (*Teoria e Debate*), Uirá Machado (página 3 da *Folha de S.Paulo*), Laura Greenhalgh ("Caderno 2" do *Estado de S. Paulo*), Paulo Moreira Leite (*Época*), Joaquim Palhares (*Carta Maior*), Kaike Nanne (AOL) e Nilton Viana (*Brasil de Fato*).

Primeira Parte

Meu tempo

Convém que me apresente nesta estreia. Além da combinação única e aleatória de proteínas, aminoácidos, H2O e tal, sou feita de quê? De tempo, assim como vocês. Tempo vivido e tempo imaginado. Feita de passado, o de meus ancestrais, transmitido pelos genes, pela cultura, pelo inconsciente; mais a história de vida que me trouxe até aqui. É só o que temos: um corpo e uma história, já que o presente é uma partícula, deletada tão logo eu acabe de escrever *partícula*. E o futuro, lamento dizer, não existe. A não ser, é claro, sob a forma de fantasias e projetos. Mas fantasias e projetos são feitos de quê? De restos, fiapos, pedaços não resolvidos do passado. No futuro só o que existe na certa é a morte esperando a gente. Deixa quieto.

Àqueles dez anos inaugurais de perplexidade e inquietação chamo de infância. Tão minha e tão perdida. Ao longo período da dita maturidade eu me refiro como "outro dia mesmo". Já o pedaço da vida que vai do fim da adolescência (aquela chatice) até os trinta, mais ou menos, costumo chamar de "o meu tempo". Nisso não estou sozinha. Pra muita gente, a referência óbvia para "meu tempo..." é a juventude. Os anos de formação, como diziam os românticos do XIX. Período das experiências que definiram o que pretendíamos ser, assim como as promessas que continuam a acenar no horizonte das possibilidades.

Um bom amigo que morre de medo de se tornar ultrapassado costuma me contestar com outro refrão: meu tempo é hoje! Mas Paulinho da Viola, que canta o verso de Wilson Batista, "meu mundo é hoje", tem lá suas ressalvas ao império do presente absoluto: "...mas não me altere o samba tanto assim". Defendo o modesto passadismo do sambista. A juventude é um período movediço em que se vai meio às cegas por caminhos excitantes, ou idiotas, ou desastrosos, sem saber o que se quer encontrar. Daí a necessidade de estabelecer, *a posteriori*, alguma solidez pelo menos às recordações daquele tempo. Redescobrir na memória um filme já superado e atribuir a ele significados incríveis; reler um livro que nos fez a cabeça aos vinte anos (*Sidarta*, todo mundo lia *Sidarta* – que não li, sei lá por quê); reencontrar a praia dos melhores verões como se ainda fosse deserta; passar pela rua onde a casa que foi comunidade *hippie* está para virar um prédio. São tentativas de consolidar aquele riquíssimo período em que se estabelecem, por tentativa e erro, nossas grandes referências exogâmicas, cosmopolitas, universais.

Tem gente que entra na juventude como se o mundo fosse continuação do quintal familiar. Vai de cabeça sem medo, sem nem se dar conta de que caminha no escuro. Faço parte do outro grupo: para mim, tudo era grande demais. Eu ia, ansiava por ir, mas com um respeito danado pela imensidão à minha frente. Por isso meu tempo não foi tecido apenas das coisas que efetivamente fiz. Sou fiel ao que fiquei devendo à minha geração, essa rede de identificações imaginárias a que julgamos pertencer. A história daquilo que não fiz é minha biografia em baixo-relevo, indelével como todos os desejos não realizados.

Antibiografia

Não, Antonio Prata, não é questão de arrependimento pelo que não fiz. As experiências perdidas constituem uma rede de lembranças legítimas. Pode até ser que o vivido mesmo, pão pão, queijo queijo, ocupe uma parte bem reduzida de nossas memórias. Penso que existe um acervo de saudades lotado de imagens do que se viveu só através de relatos alheios, da literatura e da imaginação. É possível ter saudades, por exemplo, da infância da sua avó, se ela te contou episódios com graça, imaginação e alguma nostalgia. Algumas cenas contadas por ela passam a te pertencer também.

As saudades do que eu queria ter feito e não fiz se constroem de trás pra frente. É depois, só depois, que você se dá conta de que prestou atenção ao que acontecia à sua direita e não percebeu algo muito mais interessante que se passava à esquerda. Ou vice-versa. Claro, existem também as escolhas. Nesse caso, penso que se eu quisesse mesmo, mesmo, fazer x em vez de y, teria feito. Essa coleção de vacilos escreve uma história. No horizonte virtual das possibilidades que foram deixadas pra trás deve haver um duplo meu, vivendo a vida que foi dos outros.

Não morei fora do Brasil, como tantos companheiros de geração. Nem com bolsa de estudos, nem lavando pratos *on the road*. Ficou na memória o aceno de Paris no postal mandado pela amiga que saiu da nossa moradia comunitária para estudar lá. Por alguma razão sentimental, achava interessantíssima a vida que tinha aqui, apesar do sufoco militar. Também não estive presa. Não lamento, é óbvio, mas tiro o chapéu para os que levaram a luta a tal extremo. Minha modesta militância contra a ditadura não foi considerada perigosa. Mas, para mim, foi formadora: um terço, digamos, do que aprendi de importante nesta vida devo ao convívio com os colegas jornalistas e editores dos tabloides em que trabalhei.

Não fui mochileira exemplar, apesar de ter feito a peregrinação obrigatória pelas praias (em média, decepcionantes) do Nordeste. Mas não me encorajei a conhecer Machu Picchu, por exemplo, no tempo em que era obrigatória a viagem no teto do Trem da Morte lotado, com direito a dor de barriga por beber água de torneira.

Tinha uma vaga noção da importância do que acontecia muito perto de mim. O acaso decidiu o que vi e o que não vi, o que aproveitei e o que perdi. Não vi o show *Opinião*, de meu amigo trinta anos mais tarde Augusto Boal. Será que não? Então por que não me esqueço de "Carcará", cantada por Maria Bethânia, desafiadora, com seu corpo de menino? Nem de Zé Keti – "Podem me prender, podem me bater..."? E, se também perdi *Arena conta Zumbi*, como posso contar, digo, cantar, até hoje, o espetáculo quase todo? Quase me esqueço de que passei várias férias no Rio sem saber que existia o Zicartola. Esse não existe mais nem pra remédio. Mas sei tudo de Cartola, de cor. Perdi *Pobre menina rica*, de Vinicius de Moraes, e ouvi o disco até gastar. De *Morte e vida Severina*, unanimidade nos anos 1960, decorei todos os trechos do poema musicados por Chico Buarque.

Não recebi o impacto dos primeiros filmes de Glauber Rocha nem do Godard dos anos 1960. Mas não me entrego, não – em matéria de filmes e livros, tudo se recupera. Viva os livros e filmes que não li nem vi. Por conta deles estou salva do tédio, até morrer.

A lista das coisas perdidas não tem fim. Só as canções eu não deixei passar. As canções me salvaram de ficar fora do mundo. Estavam todas no ar, trazidas pelo vento diretamente para minha memória musical. Respirei as canções, sonhei canções, entendi o Brasil desde o primeiro samba, porque existem as canções. Vivi sempre a condição dessa cidadania dupla, uma vida no chão, outra no plano das canções que recobrem o mundo ou, pelo menos, o país em que nasci. As canções ampliaram o meu tempo, transcenderam o presente e, numa gambiarra genial, juntaram um monte de pontas soltas desde antes de eu nascer até...

As canções: já que não virei cantora – opa, eis aí um arrependimento sincero! –, espero quem sabe um dia escrever alguma coisa à altura delas.

Os sem-cidade

A personalidade de Sérgio Bianchi integra ativamente seu cinema. O espectador acaba por tomar partido a favor ou contra o cineasta, aderir a ele ou irritar-se com suas provocações, aceitar ou rejeitar os ferozes julgamentos que ele encena. Um de seus filmes mais importantes, *Cronicamente inviável* (2000), traz essa marca bem clara: ali, a crítica social é atravessada pelas idiossincrasias do autor, e a análise das mazelas do Brasil toma a direção de uma indignação moral meio infantil. *Cronicamente...* é um filme marcante. Mobilizou o debate como há muito o cinema não fazia por aqui. Mas falta dialética à condenação generalizada que ele lança sobre a sociedade brasileira: o país é inviável porque todo mundo é canalha. Não fica um, meu irmão. Restam o cineasta e algum espectador a bradar, como no minipoema de Chico Alvim: "Eu é que presto!".

No filme seguinte, *Quanto vale ou é por quilo?* (2005), a relação entre a crítica social, o juízo moral e as divertidas implicâncias particulares do autor é balizada por um elemento novo. Bianchi foi buscar nas atrocidades instituídas durante três séculos de escravidão as raízes da nossa escandalosa e persistente desigualdade social/racial. É antológica a cena em que diretores de uma ONG picareta chegam à favela e se deparam com traficantes que acabaram de executar um rival. O carro atola e os negros, pardos, mulatos, de armas na mão, acorrem prestimosos para ajudá-los. A distinção de classes se mantém na hora do trabalho braçal. Os traficantes fazem força e os doutores engravatados nem pisam na lama. Em troca, no melhor jeitinho brasileiro, ganham sorrisos condescendentes e o prestígio de admirar de perto o carrão importado que nunca se vê na favela.

Pois bem: Sérgio Bianchi mudou. Seu último filme, *Os inquilinos*, que estreou na semana passada, sugere que o autor amadureceu. Torço para que essa afirmação não o aborreça. O sarcasmo deu lugar ao desalento; a fúria acusatória cedeu à melancolia. Bianchi e a corroteirista Beatriz Bracher criaram uma comovente "família Doriana" de periferia – vale observar a insistência das imagens-clichê do café da manhã familiar. Valter (o excelente Marat Descartes), Iara e os dois filhos têm tudo o que uma família pobre poderia desejar. Casa própria construída anos atrás pelo pai dele, "tijolo por tijolo". Comida na mesa, roupas decentes e até um carro, ano 1985, para emergências. Pai e mãe apostam alto na formação escolar e na proteção das crianças contra más influências da vizinhança. Valter, trabalhador braçal sem carteira assinada, estuda à noite para melhorar de vida. Um retrato otimista da classe D que conseguiu migrar para a borda inferior da classe C.

Está tudo certo, porém – sempre tem um porém, costumava dizer Plínio Marcos. Sem "porém" não há dramaturgia. Um belo dia, a casa dos fundos do vizinho é ocupada por inquilinos ameaçadores. Quem ou o que haverá de proteger a família de Valter? A tramelinha do portão da frente? As janelas basculantes incapazes de garantir o sono do trabalhador contra a invasão do *funk*, ao lado? O cãozinho vira-lata amarrado em uma corda? Diante dos inquilinos, Valter, impotente, definha. Fala cada vez menos, enquanto Iara fala cada vez mais. O medo também rende uma boa fofoca.

O espectador percebe então que ali, onde o esforço individual parece capaz de garantir algum futuro, ali onde não falta o necessário para o que se costuma chamar de uma vida decente, falta o essencial: uma cidade. A casa vai cair porque ao redor dela não existe uma cidade. Existem outras casas, muita gente, ruas e ruelas sem calçadas, ônibus passando, motoqueiros a zombar e apavorar os pedestres – mas não uma cidade. Olhem que o bairro de periferia não é uma favela. Iara insiste nisso e não deixa os filhos brincarem lá embaixo, perto da represa, onde foi encontrado o corpo da menina violentada. Mas "periferia é periferia em qualquer lugar"*. Na falta da rede pública de proteção e de direitos a que chamamos *polis*, os cidadãos se limitam a observar, consternados e passivos, as constantes ameaças humanas, econômicas, climáticas. Correr pra onde? Reclamar com quem?

Detalhe: o filme se passa em maio de 2006, na semana dos ataques do PCC (Primeiro Comando da Capital) que assassinaram 35 policiais em São Paulo, seguidos do revide da PM, que matou a esmo mais de 400 jovens, em geral nos bairros pobres. Bianchi faz da cidade conflagrada um sutil pano de fundo ao

---

* Trecho da canção "Periferia é periferia", dos Racionais MC's. (N. E.)

drama vivido por Valter. Tão longe, tão perto. Ouvimos tiros ao fundo em várias cenas. No ônibus para o trabalho, os passageiros observam outro ônibus incendiado, cercado pela polícia. Durante a aula noturna, uma bomba estoura no pátio da escola e todos correm para olhar da janela. Dias depois, um aluno não vem mais. Foi morto. Pela polícia? Ninguém comenta. Só uma senhora, ao fim da aula, pede paz para sua alma.

No fim do filme, a bagunça dos inquilinos é eliminada. Chegam a lei e a ordem, afinal. Mas não se iludam: aí é que a coisa fica ruim pra valer.

O que os homens querem da mulher?

Eu quis lhe dar um grande amor
Mas você não se acostumou
À vida de um lar

Alcino Corrêa e Monarco

O Dia Internacional da Mulher passou longe da minha coluna quinzenal. Assim, vou levar a sério o galanteio dos que dizem "todo dia é dia de vocês" e continuar uma velha conversa que sempre retorna por volta do 8 de março: afinal, o que querem as mulheres? Sucessivas gerações de homens retomaram a pergunta, desde que Freud confessou sua perplexidade à amiga Marie Bonaparte no começo do século passado.

Se a descoberta freudiana ainda valer e o inconsciente continuar recalcado, o desejo, no sentido radical da palavra, é enigmático para homens e mulheres. Não há distinção de gênero frente à opacidade das representações estranhamente familiares que nos habitam e motivam lapsos, deslizes, sintomas, fantasias. Já no plano das vontades mais pedestres, do destino que damos a essa insatisfação permanente a que se chama vida – talvez aí se possa especular se os homens seriam menos enigmáticos que as mulheres.

Por uma questão de método, vale considerar o ponto de vista dos que, como Freud, se confessam incapazes de satisfazer esses seres ambíguos que somos nós, do sexo feminino. Os homens, talvez para se esquivar da intromissão feminina, declaram ser pessoas fáceis de contentar. Além de sexo, dedicação e carinho (mas sem exagero!) das amadas, querem respeito profissional e, claro, ganhar bem. O que mais? 90% de minha amostragem particular responde: ler o jornal inteiro no domingo, jogar conversa fora com os amigos de bar de vez em quando e ver futebol na TV sem ser interrompidos. Essa opção, há quem troque por uma soneca no sofá.

Parece que, com esse pacote de pequenas alegrias, tudo estaria bem. Mas, atenção: as mulheres, convidadas gentilmente a não aporrinhá-los durante suas atividades favoritas, devem estar a postos quando eles solicitarem. O casamento para o homem, disse uma vez Mario Prata, significa botar uma mulher dentro de casa. E, depois, sair pra rua. Só que ela precisa estar lá quando o cara voltar, de preferência sem questionar por que ele saiu em vez de se contentar com tudo o que ela tem a oferecer. Melhor fazer essa pergunta ao ex-marido da Amélia, aquela dedicada que ele abandonou em troca da outra, cheia de exigências.

Mas perguntemos também, como meu colega de coluna, Marcelo Rubens Paiva, por que tantas mulheres hoje (nem todas! só as de 40 pra cima) não querem mais se casar. Essa pergunta é simétrica àquela formulada pelo historiador da Revolução Francesa, Jules Michelet, aos homens que no fim do século XIX preferiam as aventuras do celibato à responsabilidade do casamento. Michelet lamentava o destino das moças pobres e remediadas que, fora da instituição do matrimônio, ficavam desprotegidas, vulneráveis, sem perspectiva de futuro.

A recusa mudou de lugar? Por que as mulheres de hoje, cumprida a etapa inicial da criação dos filhos, preferem não entrar em um segundo ou terceiro casamento? Hipótese: porque não precisam mais dele. Não do homem nem do amor: do casamento. Nem todas as que desistem de casar de novo são, como pensa Marcelo, desiludidas com o amor. As mulheres que já se casaram algumas vezes podem ter desistido do casamento porque este existe, até hoje, para tornar confortável a vida – dos homens. Separados, eles procuram imediatamente uma esposa que substitua a primeira, enquanto elas parecem não ter pressa nenhuma de voltar ao estado civil anterior. Isso não quer dizer que tenham desistido de amar. Pode ser que estejam à procura de outras coisas, além das que o casamento proporciona. Aliás: é nessa hora, quando uma mulher não se contenta mais com o que seu homem lhe oferece, que ele a acusa de não saber o que quer.

Muitas coisas os homens podem nos dar. Amor, prazer, carinho, apoio. Aquele olhar de desejo que embeleza a mulher. E filhos, quase todas queremos os filhos. O que mais? Profissão e independência econômica ficam fora do pacote do amor. Poder, também: mas o verbo é mais instigante que o substantivo. As mulheres querem poder muitas coisas. Depois que os filhos crescem e antes que lhes tragam netos pra cuidar, o que querem as mulheres? É simples: tudo o que não puderam viver até então. Está certo: tudo, tudo não pode ser. Vá lá, quase tudo. Com vocês ou sem vocês, meus caros; quase tudo. Caberia até perguntar: por que os homens (não todos! só os de 40 pra cima) querem tão pouco?

Basta olhar à sua volta. Uma fila de cinema: 60% de mulheres, 40% de homens (os jovens talvez sejam exceção). Um concerto? 70% pra nós. Exposição de arte, idem. Metrô pra qualquer lugar, fora de horários de pico: mulheres, mulheres. Carnaval, festa-baile: olha lá elas dançando, com ou sem parceria masculina. Viagens, ecoturismo, passeatas – a lista é longa.

Por isso mesmo a mulher pode hoje dar ao seu parceiro o que nenhuma geração anterior ao século XX podia dar. Aquilo que o poeta francês Benjamin Péret chamou de amor sublime: o amor da carne, mais o da sublimação. As três últimas gerações de mulheres, não limitadas ao espaço doméstico, são capazes de conversar sobre quase tudo com seus companheiros. Compartilhar ideias, projetos, ambições, bobagens, piadas, boemia, lutas. A vida pode ser bem boa desse jeito, e o amor, uma conversa sem fim.

O filósofo romeno Cioran afirmou que as mulheres são as novas-ricas do mundo da cultura. Talvez por isso falemos demais. Em compensação, os maridos não são mais os nossos únicos interlocutores.

A morte do sentido

O que tanta gente foi ver do lado de fora do tribunal onde foi julgado o casal Nardoni? Torcer pela justiça, sim: as evidências permitiam uma forte convicção sobre os culpados, muito antes do encerramento das investigações. Mas para torcer pela justiça não era necessário acampar na porta do tribunal, de onde ninguém podia pressionar os jurados. Bastava fazer abaixo--assinados via internet pela condenação do pai e da madrasta de Isabella. O que foram fazer lá, ao vivo? "Ver" a morte? "Lá onde moro não tem esse negócio de morte violenta. Lá só tem árvores e passarinhos", disse à TV um rapaz que viajou de Ibiúna para dormir ao relento na frente do Fórum de Santana. Ele foi ver a morte.

Mas a morte não se vê de fora do tribunal. Nem pelo lado de dentro. Nem de lugar nenhum. A morte mesmo, mesmo, é aquilo que não se vê. Vê-se o corpo sem vida. Veem-se marcas de violência, decrepitude, doença. A morte está fora de nossa capacidade, tanto de representação em imagem quanto de simbolização. Por isso (assim como o gozo sexual) ela dá tanto o que falar.

Talvez um assassino chegue muito perto de ver, frente a frente, a morte que causou. Como pode suportar? Matar alguém é um ato que rompe a tela de proteção que separa o indivíduo de um gozo excluído da consciência, da lei dos homens, da linguagem. Matar não traumatiza somente a família da vítima. Traumatiza o assassino. Não precisamos ser piedosos para reconhecer esse fato que, por si, não perdoa ninguém. Importa entender que a repetição é a resposta do psiquismo ao trauma. O sujeito que mata uma vez é compelido a repetir seu ato na busca inconsciente de sentido não só para o horror que cometeu, mas também para a identificação indelével na qual se precipitou: a de assassino.

Todos os assassinos primários deveriam ter direito a tratamento psicológico. Independente da magnitude da pena. Imaginemos quantos meninos da Febem não estão neste momento ruminando seus atos, tentando combinar o antes e o depois, sem encontrar alternativa para reorganizar-se psiquicamente a não ser se convencer de que são assassinos. Elaborar o trauma não diminui o mal que foi feito, mas pode minimizar a possibilidade de que repitam o ato que também os destruiu psiquicamente, além de ter destruído a vida alheia. A alternativa solitária é parar de pensar e mergulhar de vez no mal absoluto.

Volto ao julgamento dos assassinos da criança Isabella. Penso que as pessoas não torceram apenas pela condenação dos principais suspeitos. Torceram também para que a versão que inculpou o pai e a madrasta *fosse verdadeira*. Alguém me disse, depois do assassinato dos queridos Glauco e Raoni, que sentiu alívio ao saber que o criminoso era conhecido das vítimas. Ora essa: por quê? Afinal, um crime cometido entre amigos – ou, pior ainda, por alguém da família – não é muito mais hediondo do que a violência praticada por um estranho? Certamente sim. Quem pode se conformar com a ideia de que um pai tenha participado do assassinato da filha pequena?

O relativo alívio que se sente ao saber que um assassinato se explica a partir do círculo de relações pessoais da vítima talvez tenha duas explicações. Primeiro, a fantasia de que em nossa família isso nunca há de acontecer. Em geral, temos mais controle sobre nossas relações íntimas do que sobre o acaso dos maus encontros que podem nos vitimar em uma cidade grande. Nada mais assustador do que a possibilidade do mau encontro: um ladrão armado, nervoso, cabeça fraca, que depois de roubar resolve atirar sem saber por quê, porque sim, porque já matou outras vezes e, então, por que não? Morrer na mão de um semelhante a quem não se pode dizer palavra alguma.

Segundo, porque o crime familiar permite o lenitivo da construção de uma narrativa. Se toda morte violenta, ou súbita, nos deixa frente a frente com o real traumático, busca-se a possibilidade de inscrever o acontecido em uma narrativa, ainda que terrível, capaz de produzir sentido para "o que não tem certeza nem nunca terá, o que não tem conserto nem nunca terá, o que não tem tamanho"*.

Até hoje não se inventou nada melhor do que as narrativas para proporcionar algum sentido para o sem sentido do real. Não é o simbólico que faz efeito de ver-

---

* Trecho da canção "O que será (à flor da terra)", de Chico Buarque. (N. E.)

dade sobre o real, é o imaginário. O mar de histórias, lendas, mitos, fofocas, as mil versões que correm de boca em boca, ainda que mentirosas, ainda que totalmente inventadas, promovem um pequeno descanso na loucura que é estar neste mundo sem bússola, sem instruções de voo, sem verdade, sem amparo.

Desde que o Renascimento abalou a narrativa hegemônica que a Igreja impôs ao homem medieval, as pessoas se lamentam de que o mundo perdeu sua antiga ordem. A modernidade primeiro pulverizou as grandes narrativas, depois tentou consolidar utopias mortíferas da razão e agora procura recobrir a face do mundo com imagens industrializadas. Mas ainda não foi capaz de inventar narrativas à altura da complexidade das forças humanas que ela própria liberou.

Os vira-latas do Bumba

A chuva no Rio deu uma folga, mas espero que o assunto não saia dos noticiários. Não é hora de esquecer a catástrofe causada não pela intempérie, mas pelo descaso habitual do poder público em relação à vida dos pobres. No momento em que escrevo, a contagem das vítimas está em 412 feridos resgatados dos escombros em todo o Estado. E 251 mortos. Por enquanto.

Entre as muitas imagens dos deslizamentos, não me sai da cabeça a foto de um cachorrinho vira-lata encontrado com vida depois de três dias soterrado no morro do Bumba, em Niterói. O pelo encharcado, dorso arqueado, como fazem os cães com muito medo, rabo entre as pernas, claro – e aquele olhar de interrogação que só os bichos domésticos têm quando sofrem: "O que eu fiz pra apanhar assim? Cadê o meu pessoal? Onde estou?". Imagem muda de desolação e desamparo, o vira-lata do morro do Bumba teve mais sorte do que muita gente, e com certeza terá mais facilidade de encontrar um novo lar. Também são sortudos os cães farejadores que passaram mal com o cheiro do gás metano do antigo lixão e puderam descansar até terem condições de procurar os corpos das pessoas que viviam em cima do mesmo cheiro de gás.

É injusto que o sofrimento de um animal nos comova tanto assim. Talvez isso ocorra por conta de seu estatuto de vítima radical, 100% inocente e ignorante a respeito da tragédia humana, sempre humana, que o abateu. Penso na matança dos cavalos pelos capangas do Hermógenes, em *Grande sertão: veredas*. Muitos amigos de Riobaldo morrem na batalha da fazenda dos Tucanos, mas Guimarães Rosa capricha na emoção ao descrever a execução covarde dos cavalos presos, que não podem fugir. Não me espanta que o vira-lata salvo da lama e do lixo nos faça chorar. Mas por que não sentimos comoção muito maior diante de tanta gente desesperada, sem casa, no fim de suas forças, a procurar ainda pelos filhos, pais, esposos/as, amigos? Por que não nos desesperamos diante desses e outros, entre os milhões de brasileiros que ainda vivem vulneráveis não apenas às chuvas, mas a tudo, tudo?

Ou, então, a comoção que sentimos nesse caso talvez seja de natureza diversa da que produz lágrimas fáceis. Talvez esteja mais perto do desespero e da resignação humilhada do que da piedade.

No ensaio "Da tristeza", Montaigne se indaga sobre o episódio narrado por Heródoto no qual o rei egípcio Psammenit, derrotado pelo persa Cambises, vê desfilarem diante de si a filha vestida como escrava e o filho a caminho da forca. Psammenit suporta, cabisbaixo, a tragédia que abate seus filhos; mas explode em lágrimas ante a visão de um velho amigo da família (a tradução é controversa: amigo ou criado?) que pede esmolas aos soldados, como um mendigo faminto. Montaigne considera a possibilidade de que a visão do velho amigo teria sido a gota d'água que fez transbordar o "pote até aqui de mágoa"* do rei vencido. Mas considera também o relato de Heródoto, para quem a dor ante o destino dos familiares do rei era grande demais para ser chorada. As grandes dores estariam além de qualquer possibilidade de expressão.

É mais suportável sofrer pelo cachorrinho do que pelos moradores do morro do Bumba, assim como parece mais imediata nossa identificação com a impotência dele. Conhecemos a ladainha do fatalismo brasileiro: primeiro se tenta o jeitinho, a viração. Vamos que vamos; se não piorar, já está bom. Depois vem a calamidade (chuva? Seca? Expulsão da terra? *Bang bang?*) e a tragédia; depois, a renovada esperança de tudo se ajeitar e a velha, santa paciência. Do outro lado, os governos federal, estadual e municipais, que só agora liberam verbas, removem famílias de outras regiões de risco, determinam terrenos para construções de moradias de emergência. A Caixa Econômica vai liberar empréstimos para as famílias reconstruírem suas casas. Empréstimos? Não seria mais exato falar em indenizações?

Agora, só agora, as providências – se é que o dinheiro do Rio não vai parar outra vez na Bahia. Ah, o velho PMDB, nossa mais envergonhada resignação! Qual a diferença, hoje, em relação ao ex-PFL?

No morro do Borel, 150 pessoas – somente desabrigados e seus familiares – fazem protesto contra a precariedade de sua condição e exigem a presença do

---

* Trecho da canção "Gota d'água", de Chico Buarque. (N. E.)

poder público. Manifesto do Comitê de Mobilização e Solidariedade das Favelas de Niterói critica a especulação imobiliária que expulsa famílias pobres dos bairros para as encostas e contribui para a deterioração do meio ambiente. E exige "...compromissos com os problemas públicos, que nos respeitem como cidadãos e seres humanos". Não faltarão autoridades para acusar os poucos que se mobilizam para protestar de politizarem a questão. Uai: mas a questão não é política? Querem que acreditemos que viver sobre um velho lixão (há 17 mil pessoas em condições semelhantes na Grande São Paulo) é uma situação... natural?

Nós somos os derrotados que não conseguem chorar. Vivemos, todos, sobre uma espécie de lixo mal soterrado. Antigamente se chamava entulho autoritário. Somos o cachorrinho do morro do Bumba, salvos por um triz, sem entender o que temos a ver com aquela bagunça toda.

Tortura, por que não?

O motoboy Eduardo Pinheiro dos Santos nasceu um ano depois da promulgação da Lei da Anistia no Brasil, de 1979. Aos trinta anos, talvez sem conhecer o fato de que, aqui, a redemocratização custou à sociedade o preço do perdão aos agentes do Estado que torturaram, assassinaram e fizeram desaparecer os corpos de opositores da ditadura, Pinheiro foi espancado seguidas vezes, até a morte, por um grupo de doze policiais militares com os quais teve o azar de se desentender a respeito do singelo furto de uma bicicleta. Treze dias depois do crime, a mãe do rapaz recebeu um pedido de desculpas assinado pelo comandante-geral da PM. Disse então aos jornais que perdoa os assassinos de seu filho. Perdoa antes do julgamento. Perdoa porque tem bom coração. O assassinato de Pinheiro é mais uma prova trágica de que os crimes silenciados ao longo da história de um país tendem a se repetir. Em infeliz conluio com a passividade, o perdão, a bondade geral.

Encaremos os fatos: a sociedade brasileira não está nem aí para a tortura cometida no país, tanto faz se no passado ou no presente. Pouca gente se manifestou a favor da iniciativa das famílias Teles e Merlino, que tentam condenar o coronel Ustra, reconhecido torturador de seus familiares e de outros opositores do regime militar. Em 2008, quando o ministro da Justiça Tarso Genro e o secretário de Direitos Humanos Paulo Vanucchi propuseram que se reabrisse no Brasil o debate a respeito da (não) punição aos agentes da repressão que torturaram prisioneiros durante a ditadura, as cartas de leitores nos principais jornais do país foram, na maioria, assustadoras: os que queriam apurar os crimes foram acusados de ressentidos, vingativos, passadistas. A culpa pela ferocidade da repressão recaiu sobre as vítimas. A retórica autoritária ressurgiu com a força do retorno do recalcado: quem não deve não teme;

quem tomou mereceu etc. A depender de alguns compatriotas, estaria instaurada a punição preventiva no país. Julgamento sumário e pena de morte para quem, no futuro, faria do Brasil um país comunista. Faltou completar a apologia dos crimes de Estado dizendo que os torturadores eram bravos agentes da Lei em defesa da democracia. Replico os argumentos de civis, leitores de jornais. A reação militar, é claro, foi ainda pior. "Que medo vocês (eles) têm de nós."*

No dia em que escrevo, o ministro [do Supremo Tribunal Federal] Eros Grau votou contra a proposta da OAB, de revisão da Lei da Anistia no que toca à impunidade dos torturadores. Para o relator do STF, a lei não deve ser revista. Os torturadores não serão julgados. O argumento de que nossa anistia foi "bilateral" omite a grotesca desproporção entre as forças que lutavam contra a ditadura (inclusive os que escolheram a via da luta armada) e o aparato repressivo dos governos militares. Os prisioneiros torturados não foram mortos em combate. O ministro, assim como a Advocacia-Geral da União e os principais candidatos à Presidência da República, sabem que a tortura é crime contra a humanidade, não anistiável pela nossa lei de 1979. Mas somos um povo tão bom. Não levamos as coisas a ferro e fogo como nossos vizinhos argentinos, chilenos, uruguaios. Fomos o único país, entre as ferozes ditaduras latino-americanas dos anos 1960 e 1970, que não julgou seus generais nem seus torturadores. Aqui morrem todos de pijamas em apartamentos de frente para o mar, com a consciência do dever cumprido. A pesquisadora norte-americana Kathrin Sikking revelou que no Brasil, à diferença de outros países da América Latina, a polícia mata mais hoje, em plena democracia, do que no período militar. Mata porque pode matar. Mata porque nós continuamos a dizer "tudo bem".

Pouca gente se dá conta de que a tortura consentida, por baixo do pano, durante a ditadura militar é a mesma a que assistimos hoje, passivos e horrorizados. Doença grave, doença crônica contra a qual a democracia só conseguiu imunizar os filhos da classe média e alta, nunca os filhos dos pobres. Um traço muito persistente de nossa cultura, dizem os conformados. Preço a pagar pelas vantagens da cordialidade brasileira. "Sabe, no fundo eu sou um sentimental [...]/ Mesmo quando as minhas mãos estão ocupadas em torturar, esganar, trucidar/ meu coração fecha os olhos e sinceramente chora."**

---

* Trecho da canção "Pesadelo", de Paulo César Pinheiro e Maurício Tapajós. (N. E.)
** Trecho da canção "Fado tropical", de Chico Buarque e Ruy Guerra. (N. E.)

Pouca gente parece perceber que a violência policial prosseguiu e cresceu no país porque nós consentimos – desde que só vitime os sem-cidadania, digo: os pobres. O Brasil é passadista, sim. Não por culpa dos poucos que ainda lutam para terminar de vez com as mazelas herdadas de 21 anos de ditadura militar. É passadista porque teme romper com seu passado. A complacência e o descaso com a política nos impedem de seguir em frente. Em frente. Livres das irregularidades, dos abusos e da conivência silenciosa com a parcela ilegal e criminosa que ainda toleramos, dentro do nosso Estado frouxamente democratizado.

Delicadeza

Se eu fosse Deus e se eu existisse, executaria em São Paulo uma prosaica providência administrativa. Tombaria a cidade inteira pelos próximos dez anos: como está, fica. Não se derruba mais nada, não se constrói mais nada. Tratem de melhorar a cidade que já existe: monstruosa, desigual, mal planejada e malcuidada. Se é para movimentar dinheiro, invista-se nos espaços públicos: ruas, praças, jardins, calçadas, iluminação, centros de lazer, prevenção contra enchentes – tudo o que faz de um amontoado de moradias algo parecido com a magnífica invenção humana chamada cidade. Investir em urbanidade também dá retorno financeiro.

Vista assim do alto, do ponto de vista celeste, São Paulo mais parece uma cidade bombardeada. Imensas crateras em todos os bairros, quarteirões de casas derrubadas, populações pobres jogadas de lá pra cá à procura de lugar para criar novos campos de refugiados, de onde serão expulsas pouco tempo depois. Inundações, trânsito bloqueado, gente desesperada presa dentro dos carros parados, gente enlouquecendo pela dificuldade de tocar o dia a dia. Gente que sente no corpo e na alma os efeitos de viver sob uma cúpula negra de poluição que só se vê de cima. Parece uma guerra, mas é só o capitalismo: bombando, enriquecendo alguns e empobrecendo o resto. Enquanto a cidade se torna infernal, se oferece aos que podem pagar o lenitivo de viver em uma *torre*, bem acima do chão, de onde se finge escapar da realidade urbana. O uso novo-rico da palavra *torre* substituiu as obsoletas "edifício" e "prédio", além da simpática e infantil "arranha-céu". Nas histórias de fadas, a torre era o lugar onde se encarceravam as princesas. Privilégio em São Paulo é viver encerrado em uma *torre*.

Mas como parar todos os negócios imobiliários da cidade? E a economia? E a geração de empregos? Digamos que, se eu fosse Deus, daria um jeito nisso. Se uma prefeitura rica como a nossa, em vez de se tornar cliente de um setor poderoso, investisse os impostos que recebe em outras atividades, em pouco tempo a cidade recuperaria sua pujança. Digamos que seja possível planejar um pouco a economia municipal. Só assim deixaríamos de ser reféns de quem já detém poder econômico. Dez anos são menos que uma fração de segundo pra quem vê o tempo do ponto de vista da eternidade. Mas, quem sabe, tempo suficiente para que a cidade pudesse eleger uma nova prefeitura e uma câmara dos vereadores livres de compromissos com o poderoso Secovi, maior sindicato de comércio imobiliário da América Latina.

Mas – em nome de quê Deus faria uma coisa dessas? Em nome de quê impediria a cidade de, digamos – "crescer"? Não, Deus não precisaria ser socialista. Nem urbanista. Bastaria agir em nome de um valor que está presente em todas as perspectivas sagradas, religiosas ou simplesmente humanistas: em nome da delicadeza. Bastaria considerar que as cidades não existem para impressionar e oprimir as pessoas, mas para ampliar a esfera da liberdade, das possibilidades e daquilo que se costuma chamar de urbanidade.

Neste ponto, convido o leitor a trocar a vista aérea de São Paulo pelo ponto de vista pedestre. Basta descer um pouco do carro e passear a esmo pelas ruas. Se achar a proposta muito mixuruca, finja que é Baudelaire flanando por Paris no século XIX, tentando captar o que sobrou da antiga cidade depois da monumental reforma executada por Haussmann a mando de Napoleão III. Ou finja que você é João do Rio, cronista da capital brasileira reformada por Pereira Passos. A diferença, claro, é que essas duas enormes destruições/reconstruções urbanas foram planejadas visando modernizar o espaço público, enquanto hoje a construção civil compra o poder público e faz literalmente o que quer em nome do interesse das pessoas, isto é, do mercado. Parece que o mercado é igual à soma das vontades das pessoas. Não é. O que chamamos mercado é um dispositivo formado por poucos, porém grandes, interesses, que se impõe às pessoas de modo a determinar o que elas devem querer.

O que será de uma cidade que destrói todas as suas reservas de delicadeza, de graça, de modéstia? Caminhe um pouco pelas ruas de seu bairro em busca dos cantinhos que ainda não foram devastados por alguma obra grandiosa e brega. O que será de uma cidade sem varandas? Sem janelas dando para a rua – e o gato que espia pelo vidro de uma delas? O que será de nosso convívio diário em uma cidade sem o pequeno comércio de rua, responsável pelo território coletivo onde as pessoas aos poucos se conhecem, se cumprimentam, conversam? Uma cidade sem zonas de familiaridade? O que será de uma cidade sem as vilas com casas antigas onde o pedestre entra sem passar por uma guarita e encontra um micro-oásis de sombra e silêncio? Sem a minúscula pracinha que sobrou em uma esquina onde se esqueceram de construir outra coisa? Procure os lugares em que ainda seja possível o encontro entre o público e o privado, o íntimo e o estranho, o desafiante e o acolhedor. O que será de uma cidade que é pura arrogância, exibicionismo e eficiência? O que será de nós, moradores de uma cidade que despreza a vida urbana?

Eis que chega a roda-viva

Levante a mão quem nunca teve o azar de ser amado pelas razões erradas. Eis uma experiência capaz de produzir a angústia de quem se depara com um duplo de si mesmo: o espelho do olhar do outro te devolve uma imagem que parece sua, mas na qual você não se reconhece. Claro que ninguém ama com objetividade. O que o amante vê no ser amado é sempre contaminado pela fantasia. Não me refiro, então, à impossibilidade fundamental de complementaridade entre os casais, mas aos encontros que se dão na base do puro mal-entendido. Sentir-se amado por qualidades que o outro imagina, mas não têm nada a ver com você, pode ser muito angustiante. E sedutor. Vale lembrar que a palavra "sedução" indica o ato de desviar alguém de seu caminho: "eis que chega a roda-viva e carrega o destino pra lá".

Pensava essas coisas de meu lugar na plateia lotada do Credicard Hall (que nome para um teatro, caramba!), onde fui ver o show de uma de minhas cantoras favoritas no momento: Maria Gadú. Para quem não conhece, Maria Gadú despontou em 2009 na cena musical com uma força que não se via desde a década de 1990, quando surgiram cantoras do porte de Marisa Monte e Cássia Eller. O CD que leva seu nome está há muitos meses na lista dos mais vendidos. O que não quer dizer grande coisa: muita gente boa nunca entrou nessa lista e muito lixo musical frequenta os primeiros lugares. É certo que ter emplacado uma canção na novela das oito deu um empurrãozinho, mas a novela acabou e o CD, que tem onze faixas além de "Shimbalaiê", continua firme nas paradas. Às vezes, o talento encontra seu espaço.

Definir uma voz é quase tão difícil quanto definir um cheiro. Para a experiência olfativa, usamos com frequência analogias com os sabores: os cheiros podem ser doces, amargos, ácidos. Ou são cheiros de: flor, mar, rato, gasolina, parede.

Para as vozes, temos a classificação tradicional entre sopranos, barítonos, tenores, contraltos. Imagino que a cantora em questão seja contralto, o que não define grande coisa. Dizer que a voz é rouca também não nos salva da imprecisão. Rouca como o quê: uma pedra que raspa na lousa ou um motor a diesel? Um fumante terminal ou Marlene Dietrich? A imagem que me ocorre para a voz de Gadú é a de uma lixa muito fina a filtrar o som que passa por ela, vindo do fundo de um poço. Uma imagem esquisita, concordo. Ainda bem que, para os argentinos (que entendem de vozes roucas), "esquisito" quer dizer *raro*. E raro quer dizer esquisito, mas não tem importância.

Bem: com jeito de moleque, encarapitada no banquinho, de onde não desceu para rebolar nenhuma vez, a bela voz esquisita, composições muito pessoais que escapam do clichê romântico e uma rara sofisticação musical, Maria Gadú parecia não se reconhecer diante do publico que – vibrava? Não, vibrar seria compreensível. Delirava? Sim; mas o entusiasmo foi muito além disso. O público ululava desde os primeiros acordes de cada canção, que todos sabiam de cor, mas não conseguiam escutar. A energia com que aplaudiam mais parecia uma fúria, que a timidez da artista só fazia excitar mais e mais. Pareciam todos sedentos por uma experiência musical autêntica, promovida por alguém que não vendesse sensualidade barata, e ao mesmo tempo não se conformavam de não conseguir puxar a cantora para o terreno familiar da vulgaridade e do *sex appeal*. O embate foi duro. A certa altura, alguém gritou: "Gostosa!". Ao que a moça respondeu irônica, como uma professora que passa pito no aluno saliente: "O que é isso? Uma coisa que eu não sou é gostosa". E prosseguiu sem fazer concessões.

Mas estava espantada com a dimensão do sucesso. "Era para eu estar aí", dizia, apontando a plateia de onde, até outro dia, costumava aplaudir seus ídolos musicais. De meu lugar, senti um pouco de medo. Como responderá ao apelo de um público que talvez esteja apaixonado por ela pelas razões erradas? Como não se espelhar na imagem banal de *pop star* que lhe oferecem? Uma enorme onda de popularidade inesperada levantou-se diante da pequena Maria Gadú, que lutou com bravura para não ser engolida por ela. Como será sua carreira a partir desse começo estrondoso? O que é mais difícil de enfrentar, na vida artística: a resistência do público a quem sua obra se dirige ou a fama vertiginosa que alavanca (ops) a carreira de alguns artistas iniciantes para o topo do mercado em algumas semanas?

Ela diz ter com a música uma aliança impossível de desfazer. Sua intuição musical parece capaz de levá-la muito além da próxima esquina, e a sutil entonação dolorida na voz talvez não permita que ela vire uma espécie de Ivete Sangalo paulistana. O CD de estreia é dedicado à avó Cila. A terceira faixa é uma homenagem fúnebre tocante, uma toada em feitio de oração. Como outro grande compositor negro contemporâneo, Gilberto Gil, Gadú se mostra capaz de reverenciar a força de seus ancestrais. "Se queres partir, ir embora/ me olhe de onde estiver", pede à avó, contando com a ajuda dos orixás. Quem sabe a forte conexão com sua origem a proteja de se transformar em *fast food* para a voracidade dos consumidores.

A pátria em copas

A lembrança mais antiga que eu guardo de uma Copa do Mundo é reconstruída da perspectiva do banco de trás do Consul 1950 de meu pai. Paramos no pedágio a caminho da fazenda de meu tio, e meus pais perguntaram se o funcionário sabia o placar do jogo. Não sei se havia um rádio na cabine do pedágio. No carro, certamente não havia. O ano era 1958 e eu, bem pequena, adorava o clima de excitação que reinava entre os adultos. Na fazenda em que passávamos as férias de inverno, meu avô improvisou uma antena de bambu comprida e torta para tentar ouvir as partidas em ondas curtas. O mundo era muito grande em 1958. A Suécia era inacessível. A locução dos jogos, naquela voz fanhosa, acelerada, impossível de acompanhar, chegava a nós através de roncos e chiados que soavam como a respiração nervosa do oceano Atlântico. Do outro lado do mundo, Garrincha, Pelé e Vavá vingavam o Brasil da derrota de 1950. Como era possível que uma criança que mal sabia o que era um drible e ignorava a existência metafísica do impedimento participasse do *sentimento oceânico* que tomava conta do país durante a Copa do Mundo?

Em um domingo, logo depois do almoço, meu padrinho passou 45 minutos agachado, com o ouvido colado à tela do alto-falante da rádio-vitrola. Quando o jogo acabou e a tensão diminuiu, ele ficou esticado no chão suando frio, com taquicardia e falta de ar. Ninguém se preocupou a ponto de carregá-lo para um pronto-socorro. Foi o nervoso, disse minha mãe, e a coisa ficou por isso mesmo. A segurança não era tão importante em nossa vida. Arriscava-se mais. Vivia-se menos?

Isso foi durante a Copa de 1962, quando um menino chamado Amarildo substituiu Pelé, afastado por causa de uma contusão, e surpreendeu o mundo. Nunca mais soube desse jogador, nem ouvi falar em ninguém que se chamasse Amarildo.

As Copas do Mundo precediam as férias de julho. O céu de São Paulo ficava muito alto nas tardes limpas de frio, quando ainda não se falava em inversão térmica. Junto com os jogos da Copa, chegavam as festas juninas; eu ganhava um conjunto novo de *banlon*. As imagens dos lances mais importantes só vinham depois, estampadas em cores nas revistas semanais. Em julho de 1962, a capa da *Cruzeiro* ou da *Manchete* trouxe as fotos de quatro grandes esportistas brasileiros: Pelé, Éder Jofre, a tenista Maria Esther Bueno e um iatista cujo nome me esqueci. O Brasil em 1962 era uma promessa que não se cumpriu.

Da derrota precoce de 1966 eu só me lembro do silêncio que ficou em casa, em São Paulo, no mundo, quando o jogo contra Portugal terminou em 3 x 1. A expectativa de algumas alegres semanas de torcida deu lugar ao súbito vazio. E agora? Com que cara o país vai voltar à vidinha normal? A normalidade era triste depois de 1964.

Para quem não entende de futebol, a televisão veio a calhar. A Copa de 1970, transmitida ao vivo do México em branco e preto, foi o momento da maior emoção futebolística da minha vida. Talvez aquele ano tenha inaugurado o protocolo nacional da torcida durante as Copas, que incluía desde grandes reuniões de amigos para ver os jogos na casa de quem tivesse o melhor aparelho de TV (a cerveja comparecia, mas ainda não tinha se tornado obrigatória) até manifestações de rua, com direito a buzinaço e patriotadas inconsequentes, que naquele ano foram faturadas pelo marechal de plantão, o truculento Garrastazu Médici.

Hoje quem fatura é a Ambev. Foi triste a decepção dos bombeiros de São Paulo que levaram um carro enfeitado para receber o time vitorioso em 2002, mas voltaram de mãos abanando quando os jogadores decidiram prestigiar o caminhão da Brahma.

Não sei se foi a cumplicidade entre a indústria do esporte, as grandes marcas e o ufanismo generalizado que caracteriza a cobertura jornalística monopolizada pela Rede Globo que estragou a expectativa que antecedia os períodos de Copa do Mundo. Se até 1970 as vitórias do Brasil foram marcadas por lances de surpresa, revelações e pequenas epifanias pagãs, depois do tricampeonato as seleções passaram a carregar o peso da obrigação de ganhar. Não posso generalizar minha experiência de torcedora amadoríssima. Mas sinto que a insistência em antecipar todas as futuras jogadas geniais, mais a pré-fabricação do carisma, do *sex appeal* e da grife de cada jogador escolhido roubaram grande parte do prazer de ver esse esporte que, segundo José Miguel Wisnik, alia no Brasil os improvisos do circo, o prazer da molecagem e o espírito da tragédia. Ao analisar a história do Brasil nas Copas em seu espantoso livro *Veneno remédio*, Wisnik refere-se à excessiva autoconsciência que tomou conta dos jogadores e de suas jogadas mais características a partir de 1982.

Autoconsciência não só dos jogadores, mas também dos torcedores. Hoje, é impossível fugir do protocolo a ser seguido por todo brasileiro em casa, nos bares, nos estádios. Aprendemos pela TV, com meses de antecedência, como devemos nos vestir, o que beber durante os jogos, quais os gestos e os gritos de guerra apropriados para os momentos mais emocionantes, como pular e dançar depois de um gol do Brasil. Tudo dominado, tudo decodificado. Resta esperar por alguns improvisos geniais que ainda possam nos transportar do ufanismo compulsório a momentos de legítima alegria.

Tristes trópicos

E os buritis – mar, mar.

Guimarães Rosa

O deputado Aldo Rebelo é um patriota. Anos atrás, criou um projeto de lei contra o uso público de palavras estrangeiras no país. Não me lembro se a lei não foi aprovada ou não pegou. Somos surpreendidos agora por nova investida patriótica do representante do PCdoB: substituir o verde-folha do nosso pendão por um tom mais chique, o verde-dólar. Nada contra a evolução cromática do símbolo pátrio. Mas não se esperava tamanho revisionismo da parte de um velho comunista: o projeto de revisão do Código Florestal proposto por Rebelo é escandaloso.

Ou não: se o PCdoB ainda tem alguma coisa a ver com a China, nada mais compreensível do que a tentativa de submeter o Brasil à mesma voracidade do país que hoje alia o pior de uma ditadura comunista ao pior do capitalismo predatório: devastação da natureza, salários miseráveis, repressão política.

E nós com isso? Nós, que não somos chineses – por que haveremos de nos sujeitar aos ditames da concentração de renda no campo que querem nos impingir, como se fossem a condição inexorável do desenvolvimento econômico? Não sou economista, mas aprendo alguma coisa com gente do ramo. Sigo o argumento de uma autoridade quase incontestável no Brasil, o ex-ministro do governo FHC e hoje social-democrata assumido Luiz Carlos Bresser-Pereira. A concentração de terras e a produtividade do agronegócio, boas para enriquecer algumas poucas famílias, não são necessárias para o aumento da riqueza ou para sua distribuição no campo. Nem para alimentar os brasileiros. A agricultura familiar – pasmem: emprega mais, paga melhor e produz mais alimentos para o consumo interno do que o agronegócio. Verdade que não rende dólares, nem aos donos do negócio nem aos lobistas do Congresso. Mas alimenta a sociedade.

Vale então perguntar quantos brasileiros precisam perder seus empregos no campo, ser expulsos de seus sítios para viver em regiões já desertificadas e improdutivas, quantas gerações de filhos de ex-agricultores precisam crescer nas favelas, perto do crime, para produzir um novo-rico que viaja de jatinho e manda a família anualmente pra Miami. Quanto nos custa o novo agromilionário sem visão do país, sem consciência social, sem outra concepção da política senão alimentar lobbies no Congresso e tentar extinguir a luta dos sem-terra pela reforma agrária?

Meu bisavô Belisário Pena foi um patriota de verdade. Um médico sanitarista que viajou em lombo de burro pelo interior do país para pesquisar e erradicar as principais doenças endêmicas do Brasil no início do século XX. O relato da expedição empreendida por ele e Arthur Neiva pelo norte da Bahia, Pernambuco, sul do Piauí e Goiás, em 1912, virou um livro que eu ganhei do professor Antonio Candido. A pesquisa começa pela descrição do clima, ou seja, da seca, e segue a descrever a "diminuição das águas" no interior. Reproduzo a grafia da época:

> Não há duvida de que a água diminue sempre no Brazil Central; o morador das marjens dos grandes rios não percebe o fenômeno, mas o depoimento dos habitantes das proximidades dos pequenos cursos e de coleções d'agua pouco volumosas é unânime em confirmar este fato. De Petrolina até a vila de Paranaguá, não se encontra um único curso perene. O Piauhy, encontramo-lo *cortado* [com o curso interrompido]; o Curimatá, completamente sêco; para citar os maiores [...] Acresce que, em toda a zona, o homem procura apressar por todos os meios a formação do deserto, pela destruição criminosa e estúpida da vejetação.*

Os professores Jean Paul Metzger e Thomas Lewinsohn, no Aliás de domingo passado**, acusam a falta de embasamento científico do projeto de Aldo Rebelo. Mas, mesmo sem o aval de cientistas sérios, já é de conhecimento geral o que meu bisavô constatou em 1912: a evidente relação entre o desmatamento, a diminuição das águas e a desertificação do interior do país.

---

* Belisário Pena e Arthur Neiva, *Viagem científica pelo norte da Bahia, sudoeste de Pernambuco, sul do Piauí e de norte a sul de Goiás* (Brasília, Academia Brasiliense de Letras, 1984). (N. E.)

** Jean Paul Metzger e Thomas Lewinsohn, "Código do desflorestamento", *O Estado de S. Paulo*, Aliás, 16/6/2010. (N. E.)

O novo código de "reflorestamento" propõe reduzir de 30 para 7,5 metros a extensão obrigatória das matas ciliares nas propriedades rurais. Uma faixa vegetal mais estreita do que uma rua estreita não dá conta de impedir o assoreamento dos rios que ainda não secaram nem de barrar a devastação pelas cheias, como a que hoje vitima tantos moradores da Zona da Mata. Quem nunca observou, sobrevoando o Brasil central, que os rios que não têm mais vegetação nas margens estão secos? Outra piada é isentar as pequenas propriedades da reserva florestal obrigatória. Se até o gênio do mal que mora em mim já teve esta ideia, imaginem se ninguém mais pensou em dividir grandes fazendas em pequenos lotes "laranjas" para se valer do benefício?

Por desinformação ou má-fé, os defensores do desmatamento alardeiam que essa é uma disputa entre desenvolvimentistas e amantes do "verde". Mentira. O objeto da disputa é o tempo. O projeto de Rebelo defende os que querem agarrar tudo o que puderem, *já*. No futuro, ora: seus netos irão estudar e viver no exterior. Do outro lado, os que se preocupam com as gerações que vão continuar vivendo no Brasil quando todo o interior do país for igual às regiões mais secas do Nordeste atual – algumas das quais já foram ricas, verdes e férteis, antes de serem desmatadas pela agricultura predatória. Que pelo menos contava, no início do século XX, com o beneplácito da ignorância.

Há método em sua loucura

"Alô, condessa? O que você está fazendo nessa vidinha (cobras e lagartos) de papai & mamãe na (cobras e lagartos) Vila Madalena cheia de petistas universotários [sic]? Nesse bairro, você sai de minissaia e os carinhas dizem: 'oooiii...'. Você tem que morar no Centro, em que, quando você passa, os homens fazem 'ssssssss'." Provocações assim eram feitas ao telefone em altos brados bêbados, no horário inconveniente das duas da madrugada. O chato do outro lado da linha, acreditem, era meu feroz e controverso amigo Roberto Piva. Monarquista *pour épater*, me apelidou Condessa von Kehl. Gostávamos muito um do outro. Eu admirava sua poesia exaltada aliada à sua vida de risco; e logo entendi que com ele, adepto fervoroso da verdade que fere, a amizade estava acima de todas as suscetibilidades. Mais de uma vez eu desliguei na cara dele e despluguei o telefone para conseguir dormir, mais de uma vez o expulsei de minha casa por comportamento inconveniente diante das crianças. Ele se indignava com minha caretice, mas não se ofendia. Um sinal inequívoco, a meu ver, de grandeza interior.

No alto
do Viaduto o louco colava pedacinhos de céu
na camisa de força
destruindo o horizonte a marteladas. *

---

* Trecho de "Paisagem em 78 R.P.M", de Roberto Piva, em *Paranoia* (São Paulo, Instituto Moreira Salles, 2009), lançado originalmente em 1963, pela Editora Massao Ohno. (N. E.)

Parodiando o velho bigodudo de quem ele foi grande leitor, eu diria que Roberto Piva praticou, com rara maestria, uma "poesia a marteladas". Em algumas passagens, o efeito das imagens em apaixonada oposição que caracterizavam seus versos não era apenas o de demarcar seu campo, seu time, sua profissão de fé. Servia também para atrair adesões incondicionais e afastar os que, pior que seus inimigos, poderiam ser tachados por ele de idiotas. "Contra Eliot pelo Marquês de Sade [...] contra o Jardim Europa pela Praça da República, contra o céu pela terra, contra Virgílio por Catulo, contra a lógica pela Magia [...] contra Cristo por Barrabás, contra os professores pelos pajés"*. Piva não recorria ao método paranoico-crítico só para escrever: ele também era assim para viver, escolher amigos e amantes, brigando para extrair deles, de nós (a marteladas...?), o mesmo ágalma da inspiração que o movia.

"Só acredito em poeta experimental que leva uma vida experimental", dizia. Foi o principal desbravador de uma geração em que as liberdades individuais desviantes da norma, como o homossexualismo, o uso de drogas, a vagabundagem escancarada, a invasão performática dos espaços públicos na cidade que ele amava e odiava, eram praticadas como forma de heroísmo. Mas sua excentricidade não se alinhava, como seria de se esperar, a nenhuma veia melancólica. Exuberante, sensual, prolixo, Roberto Piva só foi solitário nos momentos em que realmente não encontrou quem quisesse acompanhá-lo até o limite de suas extravagâncias místico-sensualistas: "a lua não se apoia em nada/ eu não me apoio em nada"**.

Quando simpatizava com alguém, quando vislumbrava através de todas as aparências em contrário um possível aliado, costumava acionar sua poderosa máquina aliciadora sem pudor e sem limites. Precisava de aliados como de amigos e de amantes. Não queria formar um partido e sim uma legião. De anjos terríveis. Em sua poesia, o desejo é violento. O amor é violento. Os poemas da mais escancarada ternura amorosa são violentos. "vou moer teu cérebro. vou retalhar suas coxas imberbes & brancas. [...] vou incinerar teu coração de carne & de tuas cinzas vou fabricar a substância enlouquecida das cartas de amor."***

Sua sofisticação era existencial, não material. Nesse segundo aspecto, foi tão pobre que aprendeu a tirar leite das pedras. Pedia aos que tinham carro que o

---

* Trecho de "A catedral da desordem", em *Os que viram a carcaça*, lançado originalmente como manifesto em 1962. (N. E.)

** Trecho de "Visão de São Paulo à noite", em *Paranoia*, cit. (N. E.)

***Trecho de "Poema XIV", em *20 poemas com brócoli* (São Paulo, Graffiti, 1981). (N. E.)

levassem a Jarinu, a Cananeia, à Serra da Cantareira – lugares perto de São Paulo onde houvesse um pouco de mata para matar sua sede de experiências xamânicas, sua fome de escuridão e de mistério. Contentava-se com pouco. Sua imaginação transformava um matinho em Mairiporã na selva amazônica.

Apesar disso tudo, engana-se quem imaginar que o percurso poético de Roberto Piva fosse pautado por qualquer espontaneidade complacente. Piva não era louco. Praticava a loucura como método, mas tinha um controle absoluto de sua obra, de seu percurso literário/filosófico/místico/existencial, assim como de sua imagem pública. Uma vez fui entrevistá-lo para a *Gazeta de Pinheiros*: tratou-me com gentileza, mas, literalmente, conduziu sua própria entrevista do começo ao fim. Mais tarde, em 1986, eu apresentei um programa de entrevistas ao vivo para a Rádio Cultura, de São Paulo, o *Radar Cultural*. Convidei Renato Pompeu e Roberto Piva para um debate sobre arte e loucura. Renato, o "verdadeiro" louco, relatou sua experiência manicomial com muita sobriedade e resistiu à sedução de Piva, que tentou o tempo todo levá-lo para seu campo, do elogio à loucura. Ao fechar o programa, Renato reafirmou que a verdadeira experiência da loucura não é nada produtiva. "Eu só escrevo quando *não* estou louco." Piva arriscou então um *gran finale* ao vivo, na lata: "Pois eu prefiro enlouquecer que escrever. Só escrevo quando não estou na orgia bebendo, me drogando, transando, pirando...".

Quase perdi o emprego – mas não o amigo – por conta dessa bravata.

Estradas

Filho

Quando o ônibus sai da estrada, ele acorda no mesmo sobressalto de todas as vezes: o motorista dormiu ao volante, despencamos por um barranco dentro de um rio qualquer. Mas não: é outra parada para reabastecer.

Só o motorista e ele descem para o ar fino da madrugada. Os outros dormem. Pede um pingado e um pão de queijo, antecipando a sensação: o café será doce demais e o pão borrachudo. Mas a combinação de um gole e uma dentada cai no estômago vazio aquecendo o corpo por dentro. Consoladora. A parada das cinco da manhã é a melhor de todas.

Fica do lado de fora à espera enquanto o motorista fuma um cigarro e conversa com o servente do posto. Pensa que, se fumasse, o momento seria perfeito: recém-saído do sono, um homem olha a estrada envolto na fumaça que sai de seus pulmões, dentro de um país muito grande, perto de uma vila tão desimportante que nem chega a fazer um pontinho no mapa. Mas não fuma.

O céu violeta é muito alto, a luz velada da única estrela está bem acima da capota do ônibus e o cheiro do óleo diesel no ar limpo parece uma coisa secreta, que tem o efeito excitante de algo que não deveria estar ali. Aqui vive gente, ele pensa. Aqui vivem pessoas que devem acordar logo mais, fazer coisas comuns, levar a vida sem pensar que para mim, quinze minutos atrás, elas não existiam. Nem no mapa.

Assim que conclui essa ideia, a dor faz um ponto dentro dele e se alastra rápida, como a mancha de uma caneta tinteiro embicada sobre um mata-borrão. O motorista abre a porta e ele volta para sua janela. Agora que saiu lá fora, sente o hálito ruim do ônibus fechado. Cheiro de gente dormindo. O barulho do motor ao ser acionado é uma espécie de tranco, um tranco sonoro. O ônibus dá ré, faz uma volta para a esquerda e retoma a estrada. O corpo dele já sabe as manobras de cor.

Aposta em uma cura pela quilometragem: passa o ano percorrendo distâncias enormes para todos os cantos do país por conta do trabalho. Tem esperança de que algum dia sinta-se tão longe que a enorme mancha de dor fique cada vez mais minúscula, até se tornar um pontinho perdido no mapa; como a cidade insignificante que ele esquece assim que o ônibus retoma a estrada outra vez.

Pai

No fim da curva, o farol alto atinge seus olhos de frente. Ele se vê executando três atos ao mesmo tempo, em câmara lenta. Como em um filme, se ele visse algum: mete a mão na buzina, pisa o freio e vira a direção para a direita, deslocando o corpanzil do caminhão para a beira da estrada. O carro passa zunindo entre ele e o ônibus que vem em sentido contrário: ultrapassagem suicida. Ainda furioso com o motorista, pensa com ironia que naquela estrada os caminhões é que costumam ultrapassar assim, jogando os carros de passeio para o acostamento. Que carro era aquele? Nem viu. Que morra, ele pensa. Que morra sozinho, sem matar os outros. Filho da mãe.

Sente um frio gelado por dentro e em seguida um calorão que se espalha até o alto da cabeça. Do ponto de congelamento ao ponto de fervura em dois segundos: só o corpo é capaz de uma velocidade assim. Agora, a estrada está deserta outra vez. Ainda não amanheceu; é a melhor hora, a mais fresca, mas a hora do sono também. Não devia ter ficado na farra, noite passada. Não sou mais criança. Mas – vez ou outra – ninguém é de ferro. Depois do almoço, paro pra tirar um cochilo e fico novo em folha. Pronto pra outra.

De repente, percebe que o efeito do susto ainda não passou. Está ofegante. Suando nas mãos. Se eu tivesse um celular agora, ligava pra casa. A esta hora? Ia acordar as meninas, assustar a mulher, que bobagem. Melhor não ter celular. Aliás, de tão longe nem ia alcançar a área – é assim que eles falam. Fora da área.

Sente um tranco esquisito. Um elevador começa a descer dentro do peito dele. Não passa ninguém na estrada. Ele conhece os buracos de cor, mas a cada viagem aparecem novos. Uma vergonha, essa estrada: liga duas capitais – sem condições. Alguns trechos são tão ruins que acontecem assaltos; esfomeados da região já sabem que ali os caminhões só conseguem passar a dez por hora, como em uma estrada de terra. Quem é o ministro dos Transportes? Quem foram os últimos três ministros dos Transportes?

Alguma coisa começa a falhar no motor. Reduz a marcha, pisa forte o acelerador, xingando como sempre: ô máquina ruim. Mas não foi o motor; foi um soluço dentro dele, uma interrupção rápida da energia, depois uma retomada caótica, intensa demais, trepidante. De novo. Ai, meu Deus.

Lembra a conversa que teve uma vez com um cara no posto. Que na hora do aperto, até o herege implora a Deus. Pois eu não vou pedir, ele disse. Se Deus não acode tanta gente piedosa, que passa a vida rezando, por que vai me acudir nessa hora? Duvido que você não peça, disse o outro. Na hora você vai ver. Quer apostar? Apostaram.

Não é Deus que ele quer, é um telefone. Pra falar com a mulher: o que é isso? Será que estou morrendo? Ela ia saber. Sempre sabe. Se fosse coisa ruim, teria intuição.

O elevador desceu de novo, dessa vez em queda livre. Telefonou para Deus, mesmo. Só pra falar com alguém. Não estou te pedindo nada, ouviu? Não peço nada!

Ainda teve tempo de parar o caminhão no acostamento.

Educação sentimental

Eu era feliz? Não sei:
Fui-o outrora agora.

Fernando Pessoa

Se o sonho realiza desejos, o que leva alguém a sonhar com períodos difíceis do passado? Em *A interpretação dos sonhos*, Freud formula a pergunta apenas para apresentar sua conclusão: "Naqueles tempos duros, eu possuía algo melhor que tudo: a juventude". Paradoxal, o desejo de juventude. Só a desejamos depois de perdê-la para sempre.

"Tenho saudades do corpo jovem", diz Caetano, no presente, ao entrevistador do documentário *Uma noite em 67* (2010), que lhe pergunta se tem saudades da época dos festivais da MPB. "Só sinto falta daquela alegria que vinha do corpo." Caetano é o único que confessa nostalgia. Os outros compositores entrevistados no filme, que estreou em São Paulo na semana passada, não falam com saudades dos festivais da TV Record. "Eu estava apavorado naquela final", revela Gilberto Gil. "Não sei como as câmeras captaram a imagem daquele fantasma que eu era no palco." Chico Buarque, aos 23 anos, sentia-se velho diante dos baianos por conta do smoking careta que tinha alugado para usar no palco. E Edu Lobo, o vencedor da noite, traz lembranças de uma fase angustiada: "Naquele tempo eu vivia preocupado. Não sabia se ia dar certo na carreira de compositor". A tenra idade pesa.

O filme de Ricardo Calil e Renato Terra tem sido bem recebido por quem tem hoje mais de cinquenta anos. Desperta saudades. E assombro: de onde surgiu aquela espantosa geração de meninos compositores? Como explicar a concentração de poetas e músicos talentosos revelados nos quatro grandes festivais, desde o da Excelsior, em 1965, até o primeiro da Rede Globo, em 1968? Eles fizeram, mais que qualquer escritor, a educação sentimental da minha geração.

Pena que *Uma noite em 67* seja um documentário tão preguiçoso. Tendo em mãos o precioso arquivo da última noite do festival daquele ano, os diretores contentaram-se em intercalar as cenas gravadas ao vivo no Teatro Paramount, em São Paulo, com as entrevistas atuais concedidas por músicos, organizadores e jornalistas presentes na premiação. Faltam informações sobre o evento, como o nome dos outros finalistas e das outras canções concorrentes. Entre doze selecionados, o filme concentra-se nos cinco vencedores, mais a cena completa do massacre público de Sérgio Ricardo, politicamente incorretíssimo para os padrões atuais. Não há nenhuma pesquisa sobre os festivais anteriores, sobre o Brasil da época, sobre de onde vieram os vencedores de 1967. De que fontes brotaram as águas que explodiram em tamanha fervura?

Mas as imagens da época têm o mérito de revelar como estamos distantes da década de 1960. Tudo era um pouco mais pobre, mais chinfrim, muito mais improvisado e também mais vivo e espontâneo do que o que veio a seguir. A plateia que lotava o teatro além dos limites de segurança era indomável. Os aplausos e principalmente as vaias eram captados por um microfone pendurado pelo fio sobre a cabeça do público. A qualidade do som era sofrível; as canções, os arranjos e a interpretação, empolgantes. Nunca mais a televisão brasileira exibiu uma mistura tão bem-sucedida e inesperada de genialidade, diante da qual o espectador contemporâneo nem liga para a precariedade da técnica.

E como os corpos eram diferentes! Todos magérrimos, sem nunca ter passado por uma academia. Ombros estreitos, braços finos. Magreza da idade. Quem se importava com isso? A plateia parecia estar ali para fazer política onde ainda não era proibido. Tudo era pretexto para se marcar posição. Tratava-se de apoiar com fervor a melhor "música de festival".

A vencedora "Ponteio", de Edu Lobo e Capinam, trouxe a combinação perfeita para empolgar o público. "Era um, era dois, era cem": diante da multidão, o violeiro deve dizer logo o que tem pra contar. Chegou seu momento. O tom desafiador, a alegoria sobre "a morte ao redor, mundo inteiro", o desejo de "ver o tempo mudado" – e mais a viola como objeto perdido, evocado pelo "quem me dera agora" do refrão: tudo fazia de "Ponteio" o meio ideal para promover um gozo estético e político, dentro dos limites tolerados pelo regime e pela direção da TV Record. A vitória de "Ponteio" parecia a realização do "dia que virá" aqui e agora, transmitida ao vivo pela TV.

A revelação mais importante do documentário é que, na verdade, nada era tão espontâneo quanto parecia. Assim como a passeata nacionalista contra o uso da guitarra na MPB foi organizada pela própria emissora como estratégia de marketing para promover o festival, o diretor Paulo Machado de Carvalho Filho revela em entrevista que também as vaias e a radicalização da torcida nas finais foram planejadas para fazer da disputa um grande acontecimento. Era uma estratégia selvagem de marketing. Nós éramos os figurantes vestidos de leões na arena romana armada pela direção artística da emissora – verdadeiros inocentes úteis da incipiente indústria do espetáculo no Brasil.

Então, a partir de 1968, a TV se profissionalizou e a Rede Globo acabou com a farra. Como se prenunciasse o AI-5, que calou e exilou os melhores artistas, a emissora que viria a se tornar a queridinha dos militares engessou o formato, nos solenes e tediosos Festivais Internacionais da Canção; que mesmo assim nos deram a belíssima "Sabiá". Mas desconfio que Chico e Tom não precisavam do pretexto de nenhum festival para compor a mais bela canção do exílio que o país já mereceu.

Cultura pra quê?

Um dia a massa há de provar
do biscoito fino que fabrico.

Oswald de Andrade

Que pena. Cada vez que me decido a escrever uma crônica mais leve nesta coluna (não ouso dizer literária. Bem, já disse), o sentimento do mundo me pega não como a doce melancolia do poeta, mas como um paralelepípedo na testa. Não sou capaz de recusar o debate público. Deve ser um sintoma grave, desses que não têm cura depois de certa idade.

Desta vez, a acalorada discussão em torno do projeto de desmanche da TV Cultura me pegou pela cabeça e pelo coração. O economista João Sayad é um homem público respeitável. Conseguiu botar em ordem as finanças da prefeitura de São Paulo depois da calamitosa gestão Celso Pitta. O ministro [da Educação] Fernando Haddad contou que foi em conversa com ele que surgiu o projeto dos CEUs, oásis de cultura e sociabilidade a quebrar a aridez da vida nos bairros mais pobres da cidade. João Sayad não precisa de prestígio. Já tem.

Por isso não entendo o que o levou a assumir a presidência de um empreendimento que ele não conhece, não parece interessado em conhecer e, acima de tudo, do qual evidentemente não gosta. Até o momento, não li nem ouvi falar de nenhuma proposta criativa de Sayad para a TV Cultura. Nenhum novo projeto de programa, de modificação na grade, nenhum novo conceito sobre o papel da única TV pública de canal aberto do estado mais rico do Brasil. Tudo o que se sabe é que o economista veio para cortar gastos. Demitir 3/4 dos funcionários! Impossível imaginar que a fundação abrigasse 1.400 empregados inúteis. Tal enxugamento da folha de pagamento visa a exterminar o quê? A própria programação.

Tudo leva a crer que Sayad não tinha ideia do que a TV Cultura já fez e ainda faz; em reunião interna, demonstrou desconhecer até mesmo um diretor da importância de Fernando Faro, embora não haja sinais de que vá interromper o melhor programa musical do país, que além do mais se tornou um arquivo vivo da memória da música brasileira*. Fora isso, terá vindo apenas para encolher os gastos da emissora, com a fúria de um exterminador do futuro? Não haverá argumento que o convença da importância de usar dinheiro público para a experimentação, a invenção e a aposta em programas de qualidade, diferenciados da mesmice das emissoras comerciais? As primeiras notícias falam em venda dos estúdios e dos equipamentos, demissões em massa e redução da TV Cultura a um pequeno e mesquinho balcão de compra de enlatados. Faz tempo que uma decisão política não me causava tristeza tão grande.

Sendo a economia de verba sua única proposta, gostaria de saber qual o destino de todo o dinheiro que ele haverá, sem dúvida, de poupar com o encolhimento da Cultura. Que se revejam as contas da emissora para eliminar possíveis desperdícios e inoperâncias, vá lá. Mas por que um estado rico como o nosso precisa ser tão mesquinho nos gastos com sua TV pública? Uma secretaria (infelizmente entregue a outro homem que não gosta disso) que pode manter a Osesp para usufruto da elite paulista, que pode construir um luxuoso Teatro de Dança, outro de ópera – para a mesma elite –, não pode manter uma TV experimental para um público, não necessariamente elitista, mas pequeno? O argumento é que ela é irrelevante em termos de ibope. Então, tá. Quantos milhões de telespectadores são necessários na planilha do atual gestor para justificar a existência de uma emissora que funciona como laboratório de programas ligados à cultura brasileira e internacional, e que conta com um público muitas vezes mais numeroso do que o que cabe na Sala São Paulo? Não escrevo isto para criticar a Osesp. Que floresçam mil Osesps pelo estado, pelo país. Uma só Osesp é mais progressista do que todas as pontes e viadutos que um governo possa construir. Faço a comparação para mostrar o absurdo de se desmontar, com argumentos de planilha, uma televisão pública que utiliza sua verba para oferecer biscoito fino à massa.

Escolho, para terminar, o triste exemplo de um programa que já foi extinto pela atual direção: *Manos e Minas*. Um corajoso programa de auditório dedicado ao *hip hop*, levado ao ar ao vivo nos sábados à tarde sob o comando de Rappin' Hood, que estreou em CD lá por 2000, cantando: "Se eu tô com o microfone,/ é tudo no meu nome". Ter acesso ao microfone e falar em nome próprio: na plateia, meninos e meninas de pele escura, "bombeta e moletom" não se distinguem dos mesmos

---

* A autora se refere ao programa *Ensaio*, dirigido pelo produtor musical Fernando Faro desde 1969 (e que durante algum tempo também se chamou *MPB Especial*). (N. E.)

meninos e meninas que sobem para dar seu recado no palco. Enfim, alguém teve a ousadia de dar visibilidade à atividade musical dos jovens da periferia de São Paulo, acostumados a só existir na mídia quando algum dentre eles comete um crime.

Manos e Minas não precisa de argumentos de segurança pública para se justificar. Dar espaço ao *rap* na televisão é importante por si só. Mas a decisão de acabar com o programa nos faz refletir sobre o modo como a elite paulista concebe a inclusão simbólica da periferia na produção cultural da cidade: não concebe. Daí que a pobreza, aqui, seja um problema exclusivo de segurança pública. A extinção de *Manos e Minas* lembra, não pelo conteúdo, mas pelo princípio operante, as desastradas políticas de "limpeza" da cracolândia. Quem mais, senão uma TV pública, poderia investir na visibilidade dos artistas da periferia?

Pra não dizer que não falei

Sabiá lá no sertão/ quando canta me comove./ Passa seis meses cantando/ e sem cantar passa nove./ Porque tem a obrigação/ de só cantar quando chove.

Manoel Xudú

Maldito sabiá. Enlouqueceu com o clima. Às quatro da madrugada sou acordada pela harmonia bossa-nova de seu canto. Familiar. Brasileiro. Repetida à exaustão, a velha canção do exílio do sabiá lembra uma dessas vinhetas musicais com que o serviço de atendimento da NET ou da Telefônica tortura o cliente até que ele desista da queixa que pretendia fazer. O sabiá não sabe do estatuto de metáfora que atribuímos ao seu canto. Talvez nem saiba que canta. O sabiá é. O que consideramos como sua linguagem musical é só uma extensão de seu ser.

O que poderia ser uma breve interrupção do meu sono se transforma em insônia ante a perspectiva de mais uma manhã sem nuvens. Céu limpo, diziam no tempo de meus avós. Limpo? Tempo bom, dizem até hoje as moças da meteorologia na televisão. Bom? Desde quando a tampa cinza-chumbo de monóxido de carbono protegido por um clima de deserto pode ser considerada sinal de tempo bom? Nunca mais quero ler um poema onde a imagem do céu azul metaforize alguma promessa de felicidade.

Os sabiás desnaturados de São Paulo não esperam pela chuva. Cantam em modo de repetição automática durante todo o veranico de agosto que às vezes, como agora, se estende do fim de julho até meados de setembro. Sabiás mutantes encarapitados em árvores mutantes que sobrevivem aos rios de automóveis a seus pés, invadem o sono de cidadãos mutantes cujos pulmões já se adaptaram aos novos padrões da chamada qualidade do ar. Ainda bem que o prefeito ainda não consertou aqueles relógios que informam, em cada bairro, a cotação da calamidade. A seca democratiza o mal-estar: ricos e pobres consultam angustiados o céu em busca de sinais de aumento de nebulosidade. Uma nova cultura urbana se estabelece entre os paulistanos que aprendem a sentir as menores variações no vento e detectar à distância o cheiro das possíveis frentes frias vindas do sul, com grandes chances de serem barradas pela massa de ar seco etc. e tal. Sabedorias trazidas por quem veio do sertão para se refugiar da seca na cidade grande.

Meu povo, não vá simbora
Pela Itapemirim
Pois mesmo perto do fim
Nosso sertão tem melhora.

O céu tá calado agora
Mas vai dar cada trovão
De escapulir torrão
*De paredão de tapera.**

Em compensação, um escândalo de flores também mutantes anuncia na paisagem ferida a primavera precoce das inversões térmicas. Dizem que essas floradas fora de época são uma espécie de canto do cisne das árvores atingidas de morte pela poluição. Nem por isso deixam de ser lindas. Ipês luminosos como o sol, se o sol fosse pintado de amarelo como nos desenhos infantis. Azaleias rosa-choque, patas de vaca rosa-chá, *bougainvilles,* que em Minas se chamam primaveras, cor de fogo, cor de telha, cor de vinho, derramam-se sobre as varandas das casas e as portarias dos prédios. Nos Jardins, no Sumaré, na praça Buenos Aires, novos tons de laranja, vermelho e lilás anunciam as cores da próxima estação. O tapete de folhas secas na calçada confunde os sentidos: é inverno paulista, primavera californiana, verão angolano ou outono europeu?

Há também as primas pobres dessas flores de jardim. Marias-sem-vergonha de todas as cores se exibem em qualquer fenda de calçada. Nos terrenos baldios transbordam flores de São João. Por toda parte, arriscam-se a ser pisadas as minúsculas campânulas lilases dos trevos de três folhas, que os de quatro são mais

---

* Trecho da canção "Chover (ou invocação para um dia líquido)", do grupo Cordel do Fogo Encantado, que cita os versos de João Paraibano. (N. E.)

raros. Florzinhas amarelas sujas de fumaça brotam de uma folhagem à toa pareci-da com o almeirão. Matinhos que ninguém nota, que ninguém cultivou, flores-cem inesperados nos canteiros das rodoviárias e beiras das marginais. É tentador pensar que enfeitam a vida dos humildes pedestres que caminham pelas ruas mais descuidadas da cidade. Que nada. Florescem pelas calçadas dos tais bairros nobres também. E são pisadas, ali como na periferia, já que ninguém lhes dá a menor bola. Tento chamá-las de flores modestas, como em um verso de Manuel Bandeira.

Mas não: nenhuma flor é modesta. Nem orgulhosa. As flores, como os sabiás, apenas são. Nascem como podem e tentam sobreviver em qualquer canto da ci-dade, sem distinção. A mais mixuruca das florzinhas não se deixa humilhar pela proximidade de uma flor de estufa. Não há desigualdade entre a orquídea rara que enfeita o apartamento de Danuza Leão e a flor que nasce no capim de um campinho poeirento do Jardim Ângela. Desigualdade existe entre as pessoas; a natureza só conhece a diferença. A natureza é o real, e no real não falta nem sobra nada – pra não dizer que não falei de Lacan.

Quando chove no sertão
O sol deita e a água rola
O sapo vomita espuma
Onde um boi pisa se atola
E a fartura esconde o saco
*Que a fome pedia esmola.**

Ou falta: tanto quanto para nós, no real falta chuva. A chuva benfazeja. Essa que, quando vier, pode vir na forma de catástrofe dita natural. Inundação, des-truição, desabrigo – em alguns bairros apenas. A chuva, esta sim, sabe assinalar com violência o que é a desigualdade.

---

* Idem. (N. E.)

Repulsa ao sexo

Entre os três candidatos à Presidência mais bem colocados nas pesquisas, não sabemos a verdadeira posição de Dilma e de Serra. Declaram-se contrários para não mexer em um vespeiro que pode lhes custar votos. Marina, evangélica, talvez diga a verdade. Sua posição é tão conservadora nesse aspecto quanto em relação às pesquisas com transgênicos ou células-tronco.

Mas o debate sobre a descriminalização do aborto não pode ser pautado pela corrida eleitoral. Algumas considerações desinteressadas são necessárias, ainda que dolorosas. A começar pelo óbvio: não se trata de ser a favor do aborto. Ninguém é. O aborto é sempre a última saída para uma gravidez indesejada. Não é política de controle de natalidade. Não é curtição de adolescentes irresponsáveis, embora algumas vezes possa resultar disso. É uma escolha dramática para a mulher que engravida e se vê sem condições, psíquicas ou materiais, de assumir a maternidade. Se nenhuma mulher passa impune por uma decisão dessas, a culpa e a dor que ela sente com certeza são agravadas pela criminalização do procedimento. O tom acusador dos que se opõem à legalização impede que a sociedade brasileira crie alternativas éticas para que os casais possam ponderar melhor antes, e conviver depois, da decisão de interromper uma gestação indesejada ou impossível de ser levada a termo.

Além da perda à qual mulher nenhuma é indiferente, além do luto inevitável, as jovens grávidas que pensam em abortar são levadas a arcar com a pesada acusação de assassinato. O drama da gravidez indesejada é agravado pela ilegalidade, a maldade dos moralistas e a incompreensão geral. Ora, as razões que as levam a cogitar, ou praticar, um aborto raramente são levianas. São situações de abandono por parte de um namorado, marido ou amante, que às vezes desaparecem sem nem saber que a moça engravidou. Situações de pobreza e falta de perspectivas para constituir uma família ou aumentar ainda mais a prole já numerosa. O debate envolve políticas de saúde pública para as classes pobres. Da classe média para cima, as moças pagam caro para abortar em clínicas particulares, sem que seu drama seja discutido pelo padre e pelo juiz nas páginas dos jornais.

O ponto, então, não é ser a favor do aborto. É ser contra sua criminalização. Por pressões da CNBB (Conferência Nacional dos Bispos do Brasil), o ministro [da Secretaria de Direitos Humanos] Paulo Vannuchi precisou excluir o direito ao aborto do recente Programa Nacional de Direitos Humanos. Mas mesmo entre católicos não há pleno consenso. O corajoso grupo Católicas pelo Direito de Decidir reflete e discute a sério as questões éticas que o aborto envolve.

O argumento da Igreja é a defesa intransigente da vida humana. Pois bem: ninguém nega que o feto, desde a concepção, seja uma forma de vida. Mas a partir de quantos meses passa a ser considerado uma vida *humana*? Se não existe um critério científico decisivo, sugiro que examinemos as práticas correntes nas sociedades modernas. Afinal, o conceito de humano mudou muitas vezes ao longo da história. Data de 1537 a bula papal que declarava que os índios do Novo Continente eram humanos, não bestas; o debate, que versava sobre o direito a escravizar índios e negros, estendeu-se até o século XVII.

A modernidade ampliou enormemente os direitos da vida humana ao declarar que todos devem ter as mesmas chances e os mesmos direitos de pertencer à comunidade desigual, mas universal, dos homens. No entanto, as práticas que confirmam o direito a ser reconhecido como humano nunca incluíram o feto. Sua humanidade não tem sido contemplada por nenhum dos rituais simbólicos que identificam a vida biológica à espécie. Vejamos: os fetos perdidos por abortos espontâneos não são batizados. A Igreja não exige isso. Também não são enterrados. Sua curta existência não é imortalizada em uma sepultura – modo como quase todas as culturas humanas atestam a passagem de seus semelhantes pelo reino deste mundo. Os fetos não são incluídos em nenhum dos rituais, religiosos ou leigos, que registram a existência de mais uma vida humana entre os vivos.

A ambiguidade da Igreja que se diz defensora da vida se revela na condenação ao uso da camisinha mesmo diante do risco de contágio pelo HIV, que ainda mata milhões de pessoas no mundo. A África, último continente de maioria católica, paupérrimo (*et pour cause...*), tem 60% de sua população infectada pelo HIV. O que diz o papa? Que não façam sexo. A favor da vida e contra o sexo – pena de morte para os pecadores contaminados.

Ou talvez essa não seja uma condenação ao sexo: só à recente liberdade sexual das mulheres. Enquanto a dupla moral favoreceu a libertinagem dos bons cavalheiros cristãos, tudo bem. Mas a liberdade sexual das mulheres, pior, das mães – este é o ponto! – é inadmissível. Em mais de um debate público escutei o argumento de conservadores linha-dura, de que a mulher que faz sexo sem planejar filhos tem de aguentar as consequências. Eis a face cruel da criminalização do aborto: trata-se de fazer do filho o castigo da mãe pecadora. Cai a máscara que escondia a repulsa ao sexo: não se está brigando em defesa da vida, ou da criança (que, em caso de fetos com más-formações graves, não chegará a viver poucas semanas). A obrigação de levar a termo a gravidez indesejada não é mais que um modo de castigar a mulher que desnaturalizou o sexo, ao separar seu prazer sexual da missão de procriar.

Dois pesos...

Este jornal teve uma atitude que considero digna: explicitou aos leitores que apoia o candidato Serra na presente eleição. Fica assim mais honesta a discussão que se faz em suas páginas. O debate eleitoral que nos conduzirá às urnas amanhã está acirrado. Eleitores se declaram exaustos e desiludidos com o vale-tudo que marcou a disputa pela Presidência da República. As campanhas, transformadas em espetáculo televisivo, não convencem mais ninguém. Apesar disso, alguma coisa importante está em jogo este ano. Parece até que temos luta de classes no Brasil: esta que muitos acreditam ter sido soterrada pelos últimos tijolos do muro de Berlim. Na TV, a briga é maquiada, mas na internet o jogo é duro.

Se o povão das chamadas classes D e E – os que vivem nos grotões perdidos do interior do Brasil – tivesse acesso à internet, talvez se revoltasse contra as inúmeras correntes de mensagens que desqualificam seus votos. O argumento já é familiar ao leitor: os votos dos pobres a favor da continuidade das políticas sociais implantadas durante oito anos de governo Lula não valem tanto quanto os nossos. Não são expressão consciente de vontade política. Teriam sido comprados ao preço do que parte da oposição chama de bolsa-esmola.

Uma dessas correntes chegou à minha caixa postal vinda de diversos destinatários. Reproduzia a denúncia feita por "uma prima" do autor, residente em Fortaleza. A denunciante, indignada com a indolência dos trabalhadores não qualificados de sua cidade, queixava-se de que ninguém mais queria ocupar a vaga de porteiro do prédio onde mora. Os candidatos naturais ao emprego preferiam viver na moleza, com o dinheiro do Bolsa Família. Ora, essa. A que ponto chegamos. Não se fazem mais pés de chinelo como antigamente. Onde foram parar os verdadeiros humildes de quem o patronato cordial tanto gostava, capazes de trabalhar bem mais que as oito horas regulamentares por uma miséria? Sim, porque é curioso que ninguém tenha questionado o valor do salário oferecido pelo condomínio da capital cearense. A troca do emprego pelo Bolsa Família só seria vantajosa para os supostos espertalhões, preguiçosos e aproveitadores se o salário oferecido fosse inconstitucional: mais baixo do que metade do mínimo. Duzentos reais é o valor máximo a que chega a soma de todos os benefícios do governo para quem tem mais de três filhos, com a condição de mantê-los na escola.

Outra denúncia indignada que corre pela internet é a de que, na cidade do interior do Piauí onde vivem os parentes da empregada de algum paulistano, todos os moradores vivem do dinheiro dos programas do governo. Se for verdade, é estarrecedor imaginar do que viviam *antes disso*. Passava-se fome, na certa, como no assustador *Garapa* (2009), filme de José Padilha. Passava-se fome todos os dias. Continuam pobres as famílias abaixo da classe C que hoje recebem a bolsa, somada ao dinheirinho de alguma aposentadoria. Só que agora comem. Alguns já conseguem até produzir e vender para outros que também começaram a comprar o que comer. O economista Paul Singer informa que, nas cidades pequenas, essa pouca entrada de dinheiro tem um efeito surpreendente sobre a economia local. O Bolsa Família, acreditem se quiserem, proporciona as condições de consumo capazes de gerar empregos. O voto da turma da "esmolinha" é político e revela consciência de classe recém-adquirida.

O Brasil mudou nesse ponto. Mas, ao contrário do que pensam os indignados da internet, mudou para melhor. Se até pouco tempo alguns empregadores costumavam contratar, por menos de um salário mínimo, pessoas sem alternativa de trabalho e sem consciência de seus direitos, hoje não é tão fácil encontrar quem aceite trabalhar nessas condições. Vale mais tentar a vida a partir do Bolsa Família, que, apesar de modesto, reduziu de 12% para 4,8% a faixa de população em estado de pobreza extrema. Será que o leitor paulistano tem ideia do quanto é preciso ser pobre para sair dessa faixa por uma diferença de R$ 200? Quando o Estado começa a garantir alguns direitos mínimos à população, esta se politiza e passa a exigir que eles sejam cumpridos. Um amigo chamou esse efeito de "acumulação primitiva de democracia".

Mas parece que o voto dessa gente ainda desperta o argumento de que os brasileiros, como na inesquecível observação de Pelé, não estão preparados para votar. Nem todos, é claro. Depois do segundo turno de 2006, o sociólogo Hélio Jaguaribe escreveu que os 60% de brasileiros que votaram em Lula teriam levado em conta apenas seus próprios interesses, enquanto os outros 40% de supostos eleitores instruídos pensavam nos interesses do país. Jaguaribe só não explicou como foi possível que o Brasil, dirigido pela elite instruída que se preocupava com os interesses de todos, tenha chegado ao terceiro milênio contando com 60% de sua população tão inculta a ponto de seu voto ser desqualificado como pouco republicano.

Agora que os mais pobres conseguiram levantar a cabeça acima da linha da mendicância e da dependência das relações de favor que sempre caracterizaram as políticas locais pelo interior do país, dizem que votar em causa própria não vale. Quando, pela primeira vez, os sem-cidadania conquistaram direitos mínimos que desejam preservar pela via democrática, parte dos cidadãos que se consideram classe A vem a público desqualificar a seriedade de seus votos.

Segunda Parte

Deus é um vírus?

"*Language is a virus*", dizia um verso da cantora Laurie Anderson na década de 1980. Faz sentido: os vírus também são códigos, não são? Como os genes. E Deus, então? Antes da criação do mundo, Ele era só linguagem: "No princípio era o Verbo, e o Verbo estava em Deus"... Então, que diferença existe entre nossa ilimitada capacidade de criar linguagem, a propagação dos vírus, as novas possibilidades de manipulação genética e os poderes do Criador? Do ponto de vista de certo reducionismo científico, diferença nenhuma. Do ponto de vista da estrita fé na objetividade científica, a humanidade está prestes a ser decifrada e reduzida a séries de cadeias moleculares. Não que eu duvide da existência das moléculas, das cadeias de DNA, dos códigos genéticos e viróticos. Seria o mesmo que duvidar da existência do *corpo*, com sua orquestra de órgãos, sua fisiologia, degenerescência e mortalidade.

Não acredito em Deus como existência superior; mas, como invenção dos homens, sim. Deus como invenção dos homens o que é? Uma palavra. Que serve para muitas coisas. Mas as palavras, ó, meu Deus, não são feitas de moléculas – ou são? Como pode existir no mundo humano um ser feito de palavras, sem materialidade nenhuma, sobre cujo nome se ergueram tantas civilizações? Como pode uma entidade que só existe na linguagem, destituída de componentes químicos, agir sobre os homens durante milênios? Dos salmos às catedrais, dos *Magnificats* às torturas da Inquisição, das obras de caridade aos massacres de mouros – como pode a fé em um simples nome determinar tantos episódios da história humana?

Penso nessas coisas depois de ler a entrevista do cientista político Francis Fukuyama – aquele de *O fim da história e o último homem*, lembram-se? – na *Folha de S.Paulo* dessa segunda-feira. Não sei se a tese do fim da história sobreviveu ao que ainda restou de história, nesses últimos dez anos. No ano passado, Fukuyama lançou *Nosso futuro pós-humano*, uma discussão sobre os limites da bioética, que acaba de ser traduzido pela Rocco no Brasil. *Grosso modo*, o título poderia sugerir que um novo fim da história se anuncia, desta vez por obra das técnicas de controle do comportamento advindas da engenharia genética e das drogas biomédicas. Não é o que deseja Fukuyama, membro do Conselho de Bioética criado pelo governo Bush (...!), que aponta nessa entrevista os problemas políticos da biotecnologia e os riscos que os abusos das ciências de controle do comportamento representam para a democracia.

Não li *Nosso futuro pós-humano*. Assim que tiver tempo de lê-lo, prometo voltar ao tema, inclusive para corrigir eventuais impropriedades na coluna de hoje. Mas sempre me admira a ingenuidade da ciência diante do fato espantoso que é a capacidade criativa e comunicativa da humanidade – o que inclui a própria inventividade científica. Os filósofos empiristas precursores da ciência moderna, desde o século XVII, procuraram atenuar a influência da subjetividade sobre a observação dos eventos da natureza. Nossos órgãos dos sentidos são limitados e sujeitos a engano, suscetíveis a alterações provocadas tanto por nossas fraquezas quanto por nossas paixões. Instrumentos de medida e procedimentos disciplinares foram inventados para tentar impedir, na medida do possível, a contaminação do objeto observado pela subjetividade do observador.

Acontece que a mesma ciência que possibilitou a descoberta do heliocentrismo, da transmissão elétrica e dos antibióticos conduziu a que o "homem" se tornasse objeto de investigação. O ideal da ciência contemporânea não é mais controlar a subjetividade do pesquisador, mas a do sujeito pesquisado. No limite, parece que a ciência pretende livrar o homem da condição humana.

Questões que já foram objeto da filosofia, ou da fé religiosa, hoje se deslocaram para o campo da ciência. O que é o *ser*? O que define a natureza humana? O que é, para a nossa espécie, o *bem*? Como conduzir a sociedade humana em direção a ele?

A definição mais científica da natureza humana, admite Fukuyama, passa pela existência da linguagem falada. "O fato de você falar português ou inglês não é determinado geneticamente, mas a capacidade de falar uma língua e comunicar toda a riqueza das interações sociais decorre disso (dos genes)"[1]. Pois bem. A capa-

---

[1]   Francis Fukuyama, "Biologia permitirá controlar o comportamento humano", entrevista a *Folha de S.Paulo*, 1/9/2003.

cidade de falar é transmitida geneticamente, ou seja, por cadeias moleculares; mas a relação entre esses supostos genes e a infinita variedade das práticas falantes é tão longínqua quanto o meu parentesco consanguíneo com Adão. Mesmo assim, a admissão de certas drogas é capaz de alterar e reduzir drasticamente o repertório significante de alguém. Hipóteses delirantes, fantasias persecutórias, pesadelos, euforias injustificadas servem para quê? Por que não normalizar de uma vez essa profusão de palavras e representações improdutivas? Por que não liberar a humanidade de todos esses "restos" inúteis – os sonhos, os anseios impossíveis, a poesia, os devaneios? Por que não reduzir cientificamente nossas práticas falantes a um repertório estável de categorias sem ambiguidade, isentas de polivalência, a fim de eliminar o sofrimento inútil causado por todas as possibilidades de mal-entendidos?

Estarei delirando? Cadeias de palavras à deriva terão se apossado de meu pensamento? Admito que seja o caso de tomar algum medicamento leve, capaz de fazer calar o excesso de associações livres que a entrevista de Fukuyama produziu em mim, e encerrar o artigo em paz. Mas, antes que eu sossegue, resta uma pergunta: se todos os cientistas tomarem medicamentos de modo a controlar *seus* excessos delirantes, a ciência sobreviverá?

Espero que os cientistas não se curem de seus sonhos; alguns deles são muito bonitos e já contagiaram a modernidade. Pois é: os sonhos podem ser contagiantes. As ideias também – como será que elas nos infectam? A fé é contagiante; em um minuto pode tomar uma multidão, transportada pela força de meia dúzia de palavras. Talvez Deus seja mesmo uma espécie de vírus que se propaga, em circunstâncias favoráveis, pelos corpos e mentes dos homens.

Exibidos e escondidos

Gosto demais de andar a pé pela cidade. Mesmo que seja a cidade onde vivo desde que nasci. Passeio por São Paulo como uma turista: olhando tudo. Nas ruas de todos os dias dos bairros que frequento há anos, continuo observando as praças, os cantos secretos que conheço bem, as vilas escondidas, os prédios mais simpáticos. Espio a delicadeza que resiste, no traçado bruto das ruas de Sampa. E me deparo com muitas demolições. Desde o último Plano Diretor, quando pensei que a especulação imobiliária seria submetida a algum tipo de freio, nunca vi tantos quarteirões de casas indo abaixo e tantas torres subindo.

Parece que o atual Plano Diretor, em vez de controlar a especulação, consolidou a Lei do Solo Criado, que é uma espécie de "vale tudo por dinheiro". Segundo a tal lei, é possível a uma empreiteira construir um prédio mais alto do que o padrão estabelecido para aquela região, desde que pague à prefeitura – a pretexto de contribuir com benfeitorias necessárias ao entorno. O fato é que assim se favorecem as grandes construtoras, as grandes concentrações de capital. Em Pinheiros, perto de onde moro, cada prédio novo que se ergue sobre os escombros do que resta da memória arquitetônica do bairro é um monumento ao dinheiro. O passante que olha para cima não vê um edifício comercial ou um conjunto de moradias: vê o dinheiro ostentado nas estruturas metálicas, nos vidros espelhados, nos heliportos espetaculares. Dinheiro projetado na sombra indecorosa que cada uma dessas novas construções espalha à sua volta. A sombra fálica do dinheiro acumulado.

A estética da concentração de capital contamina o resto da cidade. Os *outdoors* não se limitam ao tamanho das antigas estruturas de madeira – que já eram grandes o bastante. Agora, erguem-se em mastros descomunais – igualmente permitidos pela prefeitura – acima dos beirais dos telhados, berrando acima de nossas cabeças. Berrando: "Não nos esqueçam! Somos uma marca de sucesso: conseguimos nos exibir aqui, mais alto do que as outras. Exibimos o dinheiro que comprou este espaço de destaque na cidade". As marcas já não vendem seus produtos – vendem a imagem do dinheiro associada a elas.

Nessa horrível paisagem urbana, as coisas pequenas também lutam para não desaparecer. Debaixo das torres opressivas e dos mastros dos *outdoors*, na vida aqui da calçada, cada lojinha, cada pequeno comércio tem de se revestir, se não do dinheiro (que não está sobrando), pelo menos da aparência do dinheiro. Aumentam as fachadas de alumínio, cobertas de faixas e *banners* anunciando ofertas, pintadas nas cores mais agressivas. De cada uma delas, vitrines gritam com os hipotéticos fregueses para não passarem despercebidas. Também os negócios do pequeno capital precisam gritar – "dinheiro!" – na cara da gente para não serem soterrados.

Os tempos não favorecem a modéstia – virtude burguesa de outrora que, se não garante o bom gosto, pelo menos funciona para conter as expansões do mau gosto. O dinheiro acumulado faz do espaço urbano o espelho de onde contempla a si mesmo; quem não quiser sucumbir, que cresça e apareça. Que se exiba também. Engordam os peitos das mulheres, inflam os bíceps dos homens. Aumentam as grades de ferro das casas e os rabos de lata dos automóveis. Não aumenta a beleza, e sim a visibilidade. Que é um eufemismo para ostentação. A delicadeza está em baixa. A cidade se enfeia dia a dia.

O mais irônico de tudo é que o mesmo dinheiro que se ostenta, o mesmo que finge ser mais do que é, agora anda precisando se esconder – de quê? Da cobiça e da miséria que ele inevitavelmente produz. Com medo de serem assaltados, os donos dos carrões cobrem os vidros das janelas com o tal *insulfilm*. Parece que, se o bandido não enxerga quem está dentro do carro, fica com medo de se aproximar. Não se trata, nesse caso, de modéstia: o importante é mostrar o carro, não o motorista. O carro fala por seu dono; o carro grita: dinheiro! Nós temos dinheiro! O dono, quanto mais invisível, melhor. Claro que os donos dos carros baratos não querem sobrar como isca: estão cobrindo os vidros com *insulfilm* barato. Quando atravesso as ruas, fico tentando adivinhar as silhuetas de motoristas e passageiros. Diante do negrume que me exclui, coloco-me instintivamente na posição do assaltante: qual a distância mínima de onde já é possível saber quem está dentro do carro?

São feíssimos esses automóveis de vidros mais que fumês. Lembram os óculos escuros dos generais que comandavam as velhas ditaduras latino-americanas: as obsoletas ditaduras militares, anteriores à ditadura do capital, para a qual prepararam o terreno. Naquelas ditaduras, algumas pessoas viviam na clandestinidade para lutar contra o estado das coisas. Hoje, nos escondemos para preservar o direito à ostentação. Para que o dinheiro se exiba, para que grite na cara da gente pelas ruas da cidade, as pessoas precisam se esconder. Somos habitantes clandestinos de uma cidade escandalosa.

Restam os pedestres, em sua humilde visibilidade, para nos lembrar de que as cidades foram feitas para as pessoas.

Por uma vida menos banal

Sou psicanalista há mais de vinte anos, mas até hoje me espanta que as pessoas ainda procurem a psicanálise para tentar resolver seus conflitos, sair do sofrimento repetitivo, decifrar seus sintomas. Não que eu duvide da eficácia da psicanálise – pelo contrário. O que me espanta é que tanta gente ainda escolha o percurso lento e sofrido de uma psicanálise nestes tempos de terapias breves, guias de autoajuda, medicações milagrosas. A psicanálise é o avesso da pressa. Sua eficácia difere radicalmente da eficiência pragmática tão cara à nossa cultura. O psicanalista não aconselha, não promove o ego de ninguém, não alivia (quase) nada.

Comparado com profissionais de outra vertente ideológica, o psicanalista diverge também do guru complacente, a conduzir seus adeptos pelos caminhos da morada interior, onde supostamente viveria o "verdadeiro *eu*" – essa ficção tão cara à modernidade. Por essas razões, a psicanálise me parece desajustada da vida contemporânea, na qual se acredita que um *ego* bem cultivado seja condição do sucesso e da inclusão social. A psicanálise é, ainda, avessa ao universo de imagens fulgurantes em que vivemos hoje, com as quais tentamos nos identificar; ela é o império do significante, da palavra com seu fundo falso, sua parcela de vazio e de *nonsense*. Por fim: o objeto da psicanálise é o desejo inconsciente, não o *ego*.

Não é confortável habitar o terreno do desejo inconsciente. Ele não se parece com o palacete narcísico da "morada interior", abrigo do (suposto) *eu* verdadeiro que alimenta as aspirações individualistas. No terreno escorregadio do desejo, o sujeito é um eterno sem-teto: vive acampado, nômade, mudando sua tenda de cá para lá de acordo com os ventos e as chuvas. É que o desejo inconsciente não é uma "coisa" da qual o analisando possa se apoderar, que possa controlar e se satisfazer com ela. Nem é o habitante incômodo da casa, ao qual se reserva um quartinho nos fundos para que ele não perturbe o andamento da vida normal. O desejo inconsciente também não se confunde com o que se chama hoje, vulgarmente, de desejo. Não é igual ao repertório de fantasias explícitas de consumo e sexo que apelam a nós de fora para dentro, a partir dos objetos e mensagens da indústria cultural. O efeito de uma psicanálise não é o controle racional do inconsciente nem a "realização" do desejo; não é liberar o sujeito da incômoda presença do desejo inconsciente, e sim propiciar que ele *suporte desejar*.

Nesse sentido, a psicanálise pode parecer anacrônica. No aparente império do desejo em que vivemos, onde cada um se acredita no *direito* ("você merece!", dizem as mensagens publicitárias) de realizar imediatamente todas as fantasias, a maior parte das pessoas, paradoxalmente, parece ter vergonha de desejar. Por isso, escrevi que o império do desejo é aparente: vivemos mesmo é no império do gozo – "tudo ao mesmo tempo agora" –, no qual o desejo, que se realiza no trabalho de simbolização e não na posse das coisas, não tem muito lugar. Repito o que escutei em um debate entre psicanalistas de São Paulo e o filósofo esloveno Slavoj Žižek. O que tem o psicanalista a dizer diante do imperativo do gozo que atormenta o sujeito contemporâneo? "Não goze"? Esse mandato é tão cruel e impossível quanto seu oposto: "Goze!". Žižek sugere então que uma das tarefas fundamentais do psicanalista, hoje, seja a de autorizar o analisando a *não gozar* – e se manter desejante. Nesse sentido, o dispositivo analítico – que mudou muito pouco em um século de existência – deve operar em uma direção diversa da que propunha Freud. Hoje, já não se trata tanto de oferecer a possibilidade de expressar, sem risco de escândalo, as fantasias inconfessáveis que oprimiam o pobre sujeito da época vitoriana. Trata-se, sim, de levar o analisando a se perdoar por não conseguir realizar a profusão de fantasias que circulam nas mensagens e apelos da indústria cultural. Esse é o sentido da "autorização para não gozar", pois o imperativo do gozo é tão severo e tão exigente quanto a proibição a toda forma de gozo. O *supereu*, instância crítica e sádica que atormenta o *eu* com suas normas rígidas e suas ameaças de castigo, tanto obriga a gozar quanto proíbe o gozo. Autorizar o sujeito a *não gozar* é muito diferente de proibir o gozo: é ajudá-lo a se libertar da relação de servidão com o *supereu* e, dessa forma, a escolher tanto suas vias de gozo quanto os destinos sublimados da pulsão.

Na contracorrente do senso comum, muita gente continua procurando os consultórios dos psicanalistas atrás de um tipo de tratamento que, se não é o mais eficiente, a meu ver é o mais ético, já que, ao sair de uma análise, o sujeito deve ser capaz de se responsabilizar pela sua condição desejante. O que me espanta é que a sedução dos dispositivos de adaptação das pessoas à cultura do narcisismo e do consumo ainda encontre resistências entre os que procuram os consultórios dos psicanalistas. Não: a palavra "resistência" lembra sacrifícios, barreiras morais, ascese, recusa do prazer. As pessoas não procuram a psicanálise para "resistir" aos prazeres oferecidos pela sociedade do espetáculo e do consumo. Procuram análise quando tudo o mais lhes parece vão e sem sentido. É claro que cada candidato a uma análise tem suas queixas e seus sintomas particulares. Mas algumas formas de sofrimento são mais comuns do que outras. Escuto com muita frequência pessoas, maduras ou jovens, atormentadas pela dívida frente ao gozo. Alguém disse, uma vez: "É como se em algum lugar estivesse acontecendo uma festa espetacular, onde todos estão se divertindo além de todos os limites, só que eu não tenho o endereço". O neurótico, hoje, não se sente um pecador, um impuro, como no início do século XX: sente-se otário. Barrado no baile.

A psicanálise é a cura dos otários? Talvez sim, só que o psicanalista não oferece o endereço da tal festa a ninguém. Ele nem sabe o endereço. No máximo, o analista sabe que o cara que se imagina otário não está perdendo festa nenhuma; a festa do gozo permanente não é proibida nem é restrita aos mais espertos. Ela é simplesmente impossível de se realizar. Mas isso o analisando vai descobrir por ele mesmo – se quiser deixar de ser otário.

Propostas irrecusáveis

O que é roubar um banco
comparado a fundar um?

Bertolt Brecht

Entre os argumentos dos fãs/consumidores que se alistaram para defender Zeca Pagodinho no recente litígio entre a Brahma e a Schin, predomina o de que a oferta da Brahma seria irrecusável. Não é o que diz o próprio Pagodinho: em entrevista à *Veja* desta semana, o compositor garante que "era mais feliz quando era pobre". Mas a recepção da polêmica demonstra que, para a opinião pública, determinadas somas de dinheiro tornam obsoletas quaisquer considerações éticas. Questões de lealdade, oportunismo, coerência ou o que quer que se imagine estar contido na decisão do pagodeiro só valem até o limite, digamos, de cinco zeros no contracheque. Acima dessa cifra, uma nova metafísica se instaura: alguns valores falam por si, sem necessidade de apoio em nenhum outro critério desses que regem a vida dos homens normais – isto é, aqueles que não estão sujeitos a propostas milionárias sobre o uso da própria imagem.

O caso lembra a piada do rapaz que decidiu testar a honra de uma moça, oferecendo a ela um milhão de reais por uma noite de prazer. Ela aceitou sem hesitar, e então o contratante reduziu a oferta para cinquenta reais. Você pensa que eu sou uma prostituta?, disse a mocinha, ofendida. Bom, isso ficou definido na primeira proposta, respondeu o rapaz. Agora, só estamos discutindo o seu preço. O leitor afiado perceberá que a piada não condena as prostitutas, e sim a hipocrisia das que se consideram "honestas".

Não me interessa, aqui, discutir os termos jurídicos da quebra de contrato entre Zeca e a Schin – para isso trabalham os advogados – e sim as implicações ideológicas da briga. Mas não sou simpática ao argumento de que ele teria se sentido traído pelos termos do contrato que assinou sem ler. Nesses assuntos, sabemos: vale o que está escrito. A suposta ingenuidade de Zeca Pagodinho pode ser até simpática. Bem gostaríamos de viver em um mundo onde imperasse o que ele chamou de "a ética de Xerém"; onde pudéssemos confiar de olhos fechados na palavra dos homens, todos eles de bem. Só que, em um mundo assim, regido pela ética pré-capitalista da palavra empenhada, ninguém aceitaria vender sua imagem para promover uma cerveja de que não gosta. Aliás, no mundo da honestidade inquestionável, pior do que um artista vender a imagem para duas marcas de cerveja diferentes seria valer-se de seu prestígio como artista para vender *qualquer coisa*. Mais grave ainda, para vender bebidas alcoólicas como sinônimo de bem viver, associado aos hábitos do público jovem.

O interessante é que a adesão à "ética de Xerém" aparece mais do lado dos acusadores de Zeca do que de seus defensores. São os que consideram que trocar de "preferência" de cerveja é traição, na esperança de que haja alguma relação entre publicidade e verdade. São os que esperam sinceridade da parte dos artistas que recebem cachês milionários para autorizar a associação entre sua imagem e uma marca comercial. Tais críticas revelam o mal-estar causado pelo vale-tudo que impera no mundo da publicidade. Mas revelam também que as pessoas acreditam na propaganda, muito mais do que seria de se esperar. Acreditam que o compositor carismático seja fiel à marca de cerveja que anuncia, porque é preciso acreditar que exista alguma coisa que o dinheiro não compra. Querem crer que o que está em causa não seja o tamanho do cachê, mas a fidelidade a uma preferência pessoal, um gosto, uma afinidade. No melhor dos mundos regulado pela indústria cultural, as pessoas só fariam propaganda dos produtos que de fato consumissem, dos políticos em quem votassem e das ideias em que acreditassem. Aí teríamos publicidade "sincera", e a "lei de Gérson" ficaria em segundo plano. Como uma prostituta que só se deitasse com os homens que amasse sinceramente.

Mas a publicidade está tão naturalizada em nossa sociedade que essas questões parecem extemporâneas. Até que ponto virar garoto-propaganda de cerveja trai a arte de Zeca Pagodinho? Qual o espaço para a circulação das mercadorias culturais fora da estreita cumplicidade com o mercado?

Foi Nizan Guanaes quem compôs o samba cantado por Zeca Pagodinho no comercial da Brahma, bem parecido com outros sucessos do cantor – "deliciosos" (êpa!), por sinal. "Fui provar outro sabor", diz a letra, mesclando jargão do consumo e retórica amorosa, "mas não largo meu amor, voltei". A mistura entre consumo e afeto não é inocente; hoje, as marcas compõem nosso campo afetivo e identificam os sujeitos. Daí a expectativa de que sejamos fiéis a elas como a nós mesmos. Estamos todos tão vendidos às marcas e logotipos quanto Zeca Pagodinho – mas ele, pelo menos, sabe cobrar pelo serviço. Assim, parodiando a provocação brechtiana da epígrafe, pergunto: o que é a traição de uma marca publicitária comparada à fidelidade a ela?

Sexo dos anjos

Nesta semana devo participar de um debate sobre sexualidade infantil com pais de crianças em idade de escola primária. Difícil imaginar que, um século depois da descoberta freudiana, o sexo dos anjos ainda seja assunto polêmico entre adultos bem informados – mas é. O que pode ser polêmico nesse caso? Tenho certeza de que os pais presentes não contestarão a descoberta psicanalítica da sexualidade infantil. A carga de escândalo dessa informação já deve ter se desgastado um pouco desde 1905, ano da publicação de *Três ensaios sobre a teoria da sexualidade*, de Freud. Também espero que os principais mal-entendidos tenham sido desfeitos; ninguém imagina, hoje, que, ao afirmar que existe vida sexual entre os humanos desde a infância, Freud estivesse propondo que a sexualidade das crianças seja igual à dos adultos.

Nem tão igual quanto temem os pais, mas não tão diferente quanto gostariam. Talvez a discussão comece por aí: o que é e como se manifesta a sexualidade infantil? A principal diferença em relação aos adultos é óbvia: crianças não têm capacidade de procriar nem de estabelecer uma relação sexual completa. Por isso, ainda nos casos em que elas venham a "saber" (aspas necessárias), pela TV ou por conversas com amigos, o que é o sexo dos adultos, sua compreensão estará sempre atravessada pela versão fantasiosa, infantil, da vida sexual. As "teorias sexuais infantis", tal como Freud as chamou, tentam explicar a origem dos bebês com base em algumas informações que, para as crianças, são bastante enigmáticas: a diferença entre os genitais dos meninos e das meninas, as evidências (ou não) do desejo entre os pais, as sensações agradáveis produzidas pelo contato com os órgãos sexuais. A essas sensações prazerosas mistura-se a excitação proveniente de outras funções das partes mais secretas do corpo, como as funções excretoras, por exemplo, que para as crianças são fonte de um prazer que a maior parte dos adultos já esqueceu. A sexualidade das crianças é muito menos orientada para finalidades genitais, muito mais *polimorfa* do que a nossa; nesse sentido, é, tecnicamente, chamada de perversa. O que chamamos *perversão* entre as crianças é essa ausência de orientação genital – e tem pouco a ver com a perversão na vida adulta.

Se a descoberta da sexualidade infantil já tem quase cem anos, isso não significa que ela se manifestasse, no início do século XX, do mesmo modo que agora. As crianças criadas no ambiente repressivo do fim da era vitoriana, em que mesmo a curiosidade mais singela deveria ser censurada, não eram iguais às que crescem na sociedade permissiva do século XXI. Nossa cultura aceita muito bem a sexualidade infantil; aceita até bem demais. O grande problema com a sexualidade infantil, na atualidade, não é o comportamento das crianças; é o proveito que os adultos tiram dela.

Vivemos em uma sociedade hipererotizada. Alusões sexuais permeiam grande parte de nossas relações. É provável que a vida sexual da maioria das pessoas seja bastante convencional – de vez em quando, publicam-se pesquisas confirmando essa hipótese –, mas o sexo imaginário é moeda que participa de quase todas as trocas comerciais, pelo menos no Brasil. Sexo vende de tudo: de camisolas a refrigerantes, de marcas de cigarro a turbinas para hidroelétricas. Tamanha ênfase na *ideia* do sexo e tamanha exposição de imagens relativas a ele acabam por desgastar nosso interesse. As crianças, novatas no assunto, são o último mercado indiretamente atingido pela apelação sexual generalizada.

Só as crianças ainda se excitam com as cenas "de cama" das telenovelas; só garotos de onze anos ficam realmente malucos com as mulheronas seminuas dos *outdoors*. O filho de uma amiga, aos nove anos, pediu dinheiro para comprar uma *Playboy* e ela recusou. Teve de ouvir a lição de marketing do garoto: "Mas, mãe! O que seria da *Playboy* sem as crianças?".

As crianças são a ponta de lança do mercado consumidor de sexo e também o grande depósito das fantasias sexuais dos adultos esgotados. Titios e titias divertem-se perguntando insistentemente pela namorada do pirralho de três anos. Padrinhos simpáticos chamam as meninas de cinco anos de gatinhas; quem sabe não se divertem pedindo que elas dancem "Na boquinha da garrafa" na sala de visitas? Papais beijam na boca seus docinhos de coco. E as mães? Quantas não gostam de vestir suas filhas, desde muito pequenas, como a apresentadora mais *sexy* dos programas de TV? Como combater a onda crescente de pedofilia em uma sociedade que sexualiza o corpo das crianças como se fosse o de homens e mulheres adultos?

No nosso afã permissivo, gostamos de incentivar a sexualidade infantil – como se ela precisasse disso para desabrochar. Não precisa; mas, com a ajuda das piadas e insinuações maliciosas dos mais velhos, as crianças começam a criar novas versões de suas teorias sexuais, que às vezes se parecem com uma caricatura grosseira da pornografia adulta. Se na infância essa caricatura ainda parece divertida a alguns educadores inconsequentes, na adolescência ela pode deixar os pais de cabelos em pé.

Ferenczi, um dos discípulos de Freud, escreveu que a diferença entre a sexualidade adulta e a infantil é que as crianças, quando amam, dispõem da língua da ternura e os adultos da língua da paixão. Não concordo inteiramente; não devemos menosprezar a passionalidade infantil. Mas, mesmo no registro da paixão, adultos e crianças não "falam" de sexo na mesma língua, assim como a perversão polimorfa da infância não deve ser confundida com as perversões adultas. Essas diferenças de idiomas e de registros de gozo precisam ser respeitadas, se não quisermos perverter, à moda adulta, nossas crianças.

Speakeasy no divã

Se a Lei do Ato Médico, apresentada pelo senador pefelista Geraldo Althoff, for aprovada no Senado, os profissionais de saúde formados nas escolas de medicina vão adquirir, de uma hora para outra, grande poder sobre seus colegas de outras áreas. São eles que deverão decidir os encaminhamentos de pacientes para fisioterapeutas, fonoaudiólogos, acupunturistas, nutricionistas, psicanalistas. Os defensores do projeto acreditam que essas áreas devem ser subordinadas à medicina, dando aos médicos o poder de decisão quanto ao tratamento que convém aos pacientes. No caso da psicanálise, tal subordinação representa uma regressão ao século XIX, quando Freud foi expulso da sociedade de medicina de Viena por sustentar que a histeria é uma doença da linguagem, e não do corpo – conceito que lhe permitiu estender o diagnóstico de histeria, até então associado vagamente a "furores uterinos" das mulheres, e abranger também o território masculino.

Mas, se o conceito de histeria masculina precipitou a cisão entre Freud e os médicos de seu tempo, o fundamento dessa divergência inconciliável foi o fato de ele ter criado, sob o nome de psicanálise, um campo técnico e conceitual que já não dizia respeito ao saber médico, embora fizesse fronteira com ele: o campo da investigação do inconsciente. Nos termos dos preconceitos médicos oitocentistas, tratava-se de tentar atribuir a um ramo da ciência a capacidade de curar doenças "da alma", até então tolerada como território dos padres, rabinos, curandeiros e guias espirituais em geral.

Com a invenção da psicanálise, os médicos perderam parte de seus poderes. Não perderam poderes curativos sobre as doenças do corpo. Mas a psicanálise existe justamente porque a medicina não consegue abordar o corpo histérico.

O que a escuta psicanalítica roubou foram os poderes *normativos* das corporações médicas; poderes que, até o início do século XX, tinham nas mulheres, insatisfeitas e confusas, seu mais importante rebanho. Quem se interessar pela história das mulheres no século XIX lerá que os saberes médicos, por mais de um século, forneceram argumentos ideológicos para justificar a reclusão doméstica das mulheres, a dedicação exclusiva à maternidade, o apartamento do mercado de trabalho, a repressão da sexualidade. Foi só a partir de Freud que a histeria deixou de ser entendida como parte integrante da frágil natureza feminina. A psicanálise não substituiu o discurso normativo das ciências do corpo por outra forma de normatividade; o que fez foi abrir um espaço para que as histéricas pudessem falar o que vinha sendo silenciado e que, até então, só podia se manifestar por meio do corpo. Com isso, o próprio lugar social das mulheres deslocou-se: de sofredoras passivas entregues ao saber de um mestre (médico) para o de sujeitos capazes de indagar seus sintomas e se responsabilizar por seus desejos.

Hoje, novos poderes estão em jogo. Com os avanços da psiquiatria e das neurociências, todas as formas de insatisfação e de sofrimento, todas as manifestações de angústia e inadequação por parte de adultos, adolescentes, crianças e velhos podem voltar para o domínio da medicina. Concordo que o auxílio dos psicofármacos seja precioso e indispensável para aliviar a angústia e possibilitar o enfrentamento de crises graves. A questão é que a competência médica não pode dispensar o caminho das terapias da palavra, sob o risco de, ao abordar exclusivamente a fisicalidade do sintoma, anular o sujeito. O Ato Médico, se aprovado, terá o efeito de transferir grande parte da responsabilidade do tratamento das neuroses e das psicoses das clínicas psicanalíticas para os psiquiatras que confiam cegamente nos poderes dos psicofármacos. Esse efeito tem mais a ver com garantir aos médicos e à indústria farmacêutica uma grande reserva de mercado do que com questões de competência técnica. Médicos encaminharão seus pacientes para outros médicos. Como escreveu o fisioterapeuta Alan Demanboro na coluna de leitores da *Folha de S.Paulo*, o que está em disputa é o poder dos médicos – extensivo ao da expansão da indústria farmacêutica. Sofrerão mais, como sempre, os usuários dos serviços públicos, mais dependentes do exercício das autoridades institucionais e dos encaminhamentos feitos pelos médicos de plantão. No setor público, o projeto determina que todas as atividades de chefia, coordenação, direção, auditoria, supervisão e ensino sejam exercidas por médicos. A classe média e as elites continuarão a escolher com quem desejam se tratar.

O que me consola é que esse é o tipo de lei que "não pega", como se diz pelo Brasil afora (assim como a nova proposta do Conselho Federal de Psicologia, que quer obrigar os psicoterapeutas a denunciar analisandos propensos a atos violentos e/ou antissociais). Como impedir que as pessoas que querem investigar a razão de seus sintomas continuem procurando a escuta dos psicanalistas e psicoterapeutas, mesmo quando seus médicos as encaminhem para psiquiatras e neurologistas? O prestígio que a psicanálise já conquistou no mundo ocidental, inclusive entre os (muitos) médicos esclarecidos, há de impedir uma completa regressão à era pré-freudiana.

Mas, se a lei "pegasse", seria engraçado ver os consultórios psicanalíticos transformados em locais para encontros sigilosos, secretos, protegidos contra a vigilância dos doutores do corpo. Ora: se os consultórios "psi" virarem lugares sigilosos, não ficarão muito diferentes do que já são. Será divertido exercer a profissão como se nossas salas fossem iguais aos *speakeasy*, bares camuflados que serviam bebidas alcoólicas durante a Lei Seca, nos Estados Unidos. Faremos parte de uma estranha máfia que contrabandeia palavras. Do nosso ponto de vista, não vai mudar muita coisa: *easy speaking* é exatamente o que as pessoas vêm buscar em nossos consultórios.

Telespectadores hiperativos

"Não existem crianças hiperativas. Sua televisão é que tem poucos canais infantis." A foto do *outdoor* que exibe essa mensagem traz dois meninos em ação, em um ambiente fechado, sala ou quarto onde as crianças urbanas passam a maior parte de seus dias. Um deles levanta uma bola de futebol sobre a cabeça, como se estivesse pronto para arremessá-la em nossa direção. O outro, igualmente animado, aciona um controle remoto. A TV está para ser ligada, os pais podem respirar aliviados: paz no lar.

A rigor, não se deve levar a sério o anúncio da DirecTV. Só um ingênuo não percebe que há tempos as mensagens publicitárias carregam o antídoto irônico de suas próprias pretensões. A ironia dá conta da ambiguidade da relação do enunciado com a verdade, que o primeiro pretende portar sem se comprometer. A ironia se vale da relação ambígua, fugidia, entre a linguagem e o seu objeto: o sujeito de um enunciado irônico é aquele capaz de situar-se exatamente na linha de articulação entre o conteúdo "manifesto" de uma mensagem e o estilo que o recusa. Na mensagem acima, o uso deslocado do jargão psiquiátrico associado a uma imagem de crianças alegres e sadias realça o exagero da proposição. Não é para se levar a sério nem a inexistência das crianças hiperativas (primeira afirmação) nem a proposta de curá-las acrescentando mais canais de programação infantil à sua TV a cabo (segunda afirmação). A duplicidade da ironia funciona como uma vacina contra a argumentação; se o destinatário da mensagem quiser discutir seu sentido manifesto, o autor pode se refugiar no evidente absurdo que o nega.

O caráter absurdo da articulação entre a primeira e a segunda proposições conduz o leitor da mensagem a aceitá-la com as devidas reservas de quem, adaptado aos códigos da pós-modernidade, não se deixa pegar ingenuamente por um enunciado irônico. Aqui, entra em jogo a astúcia do publicitário, radicalmente contrária aos efeitos críticos da ironia utilizada, por exemplo, por Machado de Assis. Quando este escreve, em seu *Memórias póstumas de Brás Cubas*, frases como "é melhor cair das nuvens do que do terceiro andar", o absurdo da comparação entre as duas "quedas" – uma, metafórica; a outra, real – funciona como comentário crítico sobre as facilidades aparentes da linguagem. A ironia de Machado de Assis, assim como a do *Dicionário das ideias feitas*, de Flaubert, tem a intenção crítica de desmontar os "efeitos de realidade" (Flaubert escreve assim mesmo: *effets du réel*) promovidos pelo uso fácil do lugar-comum. Os grandes mestres da ironia, na literatura moderna, manejam o estilo de modo a desalojar o leitor do abrigo confortável das ideias feitas e dos lugares-comuns. No limite, a ironia pode funcionar como desconstrução da ideologia.

O manejo da ironia publicitária, embora lidando com o mesmo material – o caráter fugidio da relação entre as palavras e as coisas –, tem uma intenção, portanto um efeito, bem diferente do primeiro. A mensagem publicitária protege-se de uma leitura crítica na medida em que se apoia na relação incerta entre a linguagem e a verdade *sem, no entanto, denunciá-la*, para não perder a autoridade sobre o que afirma. No exemplo que abre este artigo, é fácil perceber que o efeito cômico produzido pela articulação entre as duas proposições não atinge as supostas verdades parciais de cada um dos enunciados, separadamente. O leitor que aceita a piscadela cúmplice do publicitário – "é evidente que ele não fala sério quando diz que a televisão cura a hiperatividade infantil!" – não se dá conta de que já engoliu, sem perceber, duas "verdades" parciais bastante discutíveis, cujo questionamento fica apagado pelo tom irônico da mensagem final. A primeira diz respeito ao diagnóstico de hiperatividade infantil, hoje muito popularizado. O fato de que, na foto do *outdoor*, o diagnóstico de "criança hiperativa" esteja associado à imagem do garoto animadíssimo, louco para jogar bola dentro de um quarto de apartamento, coloca aquele conceito a salvo em outra cena, sob domínio de especialistas cuja seriedade, por efeito do contraste com a brincadeira publicitária, não se deve questionar.

A segunda, apesar do exagero proposital da argumentação, reafirma o papel "educativo" da babá eletrônica: nenhuma criança deixaria de se acalmar diante da oferta de mais e mais tempo de programação infantil na TV. Em nome de qual outro valor os pais e educadores recusariam a eficiência pragmática de tal dispositivo? A junção das duas afirmações, ao contrário dos efeitos da ironia de Machado de Assis e Flaubert, funciona para reafirmar o valor de verdade contido tanto no conceito de "criança hiperativa" quanto no de "mais canais de programação infantil".

O de "criança hiperativa" se impõe justamente porque *não* se aplica às crianças da foto. O jargão psiquiátrico designa uma *patologia*, suposto distúrbio do comportamento infantil que exige tratamento farmacológico – mas não para as "nossas" crianças, identificadas com os modelos alegres da fotografia. Hiperativos são os filhos dos outros. Por outro lado, as causas da angústia da criança diagnosticada como hiperativa, os conflitos latentes no grupo social e familiar onde ela se insere, os imperativos do gozo que produzem nela, permanentemente, uma excitação aflita e sem objeto, nada disso entra em questão quando um diagnóstico fisicalista é aplicado ao sofrimento infantil. Os desadaptados ao mundo atual sofrem de hiperatividade ou de déficit de atenção, assim como sofrerão na adolescência de sociofobia, de pânico ou de depressão.

A indústria farmacêutica encarrega-se, assim, dos "restos" pulsionais que a indústria do espetáculo não foi capaz de adaptar às suas ofertas. Aos pais aflitos restam duas alternativas para tranquilizar seus rebentos angustiados, agressivos, rebeldes, ansiosos – ou simplesmente mal-educados: os psicofármacos e a televisão. A ironia da publicidade, hoje, favorece mais a produção conformista do cinismo do que a desconstrução crítica das verdades socialmente compartilhadas. A ironia publicitária é a reafirmação esperta da ideologia.

Uma identidade acuada

Happiness is a warm gun

John Lennon e Paul McCartney

Uma notícia discreta nas páginas policiais desta segunda-feira chamou minha atenção – não pela originalidade, mas pela repetição. Um homem reagiu à separação da mulher matando quatro pessoas e ferindo outras duas: a própria esposa e o sogro. Não há dúvidas de que, nos termos do senso comum, o soldado Marcelo Gomes da Silva enlouqueceu. Começou assassinando o proprietário e o gerente do supermercado onde trabalhava nas horas vagas e depois continuou a chacina na casa dos sogros, matando a sogra e um amigo que tentou detê-lo. A cunhada de onze anos salvou-se porque se escondeu embaixo da cama, enquanto ele procurava por ela também. Quando a mulher pediu para ser poupada porque poderia estar grávida, ele alvejou-a na barriga, dizendo que o filho talvez não fosse dele. Depois, matou-se ou (mais provável) foi morto pela polícia. Tudo muito escabroso. Pela notícia, não é possível saber se Maria Aparecida teria traído o marido ou se queria só se separar. Dá para entender apenas que o capitão Marcelo não suportou que a esposa não o quisesse mais. Pirou.

No entanto, vale perguntar: que tipo de enlouquecimento é esse? "Lavar a honra com sangue" é o clichê que, tradicionalmente, autorizava os maridos traídos a matar suas esposas. Podia ser feito a sangue-frio, sem precisar do pretexto de um surto psicótico, e com certo consentimento social. A honra é uma virtude ligada à vida pública. Os homens são desonrados quando não cumprem com a palavra empenhada, não pagam as dívidas, são pegos em flagrante delito de corrupção. Já a honra das mulheres depende, tradicionalmente, do uso que fazem de seus órgãos sexuais – o que parece um contrassenso, já que o exercício da sexualidade é do âmbito privado. Mas, como o papel público das mulheres sempre foi de propriedade privada dos homens e procriadoras de seus filhos, é compreensível que o corpo feminino tenha sido considerado, durante alguns séculos, um bem de interesse público. Em decorrência disso, os atos de uma mulher "desonrada" atingem também, publicamente, seu marido. Assim, além das razões enumeradas acima, que têm a ver com a inserção dos homens no espaço público, eles também podem ser desonrados pela infidelidade de suas mulheres. Já o abandono e/ou a traição por parte de um marido não desonra a mulher; ela pode ficar desamparada, humilhada, desesperada de ciúmes, mas nunca foi socialmente autorizada a "lavar a honra com sangue".

Ou seja: os homens, sujeitos da vida pública, estão autorizados a fazer o que quiserem de sua vida sexual, privada. Já o sexo das mulheres, propriedade privada de seus pais e esposos, é tema de interesse público. Qualquer prática irregular mancharia não só a honra delas, mas a de seus maridos.

O leitor há de observar que oscilo entre escrever no passado e no presente. De fato, não sei em que tempo verbal tratar este assunto. Em sua autobiografia, Freud relata seu espanto quando, estudante de medicina, ouviu de um médico mais velho que deveria "proteger, à custa de sua reputação profissional, a honra de um cavalheiro" incapaz de satisfazer à sua mulher, que, em razão disso, segundo o pensamento do fim do século XIX, teria adoecido de graves sintomas histéricos. O médico em questão teria preferido fracassar no tratamento da mulher, para não revelar a ela que seus sintomas seriam consequência da insatisfação sexual causada pela impotência do marido.

Fiz uma rápida caricatura da assimetria entre homens e mulheres no que toca a questões de honra e visibilidade porque ela ainda é relevante nos dias de hoje. Mas tenho observado um deslocamento significativo na forma contemporânea dos crimes passionais. Primeiro, porque eles não acompanham a evolução dos costumes. As mulheres tornaram-se sujeitos de direito e donas de seus destinos. Ganharam espaço profissional e político, além de liberdade sexual; em termos gerais, a opinião pública já não condena o uso dessa liberdade como desonrosa nem aprova (pelo menos não explicitamente) o código de honra dos maridos traídos. No entanto, eles continuam matando.

Segundo, porque o assassinato de mulheres por seus ex-companheiros tem acontecido, muito frequentemente, na forma de chacina. É comum ler nas páginas policiais dos jornais notícias de crimes como o do soldado Marcelo Gomes, nos quais não só a mulher, mas a família toda ou um grupo de amigos são eliminados. É como se o sentimento de humilhação do homem rejeitado se estendesse à relação com todas as testemunhas de seu infortúnio. É preciso matar os parentes, os vizinhos, os filhos e – como no caso recente – até os colegas de trabalho que eventualmente tenham escutado as confidências do assassino. É como se a honra ou desonra de um homem se apoiasse cada vez mais na confirmação pública de seu desempenho sexual – privado. O abandono ou a traição por parte da esposa ou namorada deixa de ser uma questão moral ou de quebra de contrato, como nos casamentos antigos. Vira exposição pública de virilidade falhada: um atestado de que o marido não é mais capaz de satisfazer a mulher.

Por que será que esses homens acusam, de modo cada vez mais violento, o golpe da humilhação sexual? Por que os altos e baixos de nossa vida amorosa nos comprometem cada vez mais diante dos outros? É fato que vivemos o crescente declínio da vida pública; é na privacidade da família e das relações amorosas que tentamos escrever o valor de nossa passagem pelo reino deste mundo. O valor do trabalho, por sua vez, vem sendo substituído pelo valor do consumo, do qual o corpo é o suporte privilegiado; e a lógica do consumo enfatiza a linguagem do princípio do prazer. Ou seja: não valemos pelo que somos capazes de produzir, mas por conta do que conseguimos consumir e gozar. Isso nos torna cada vez mais dependentes do amor e da aceitação dos outros, aceitação que passa, antes de tudo, pela nossa posição no *ranking* dos objetos sexualmente valorizados: o "valor de gozo" de cada um. Os homens, hoje, estão condenados a se oferecer como objetos sexuais, tal qual sempre fizeram as mulheres; só que estas *também* estão vivendo intensamente a possibilidade conquistada de se sentir sujeitos capazes de escolher como e com quem gozar, novidade nem sempre bem administrada e muito perturbadora para seus parceiros.

O agravante é que a posição de objeto sexual é muito mais angustiante para um homem do que para uma mulher, pois ameaça a posição masculina, que, tradicionalmente, é de atividade e conquista. Pior ainda quando esse objeto é rejeitado, abandonado, substituído. A liberdade de escolha das mulheres é ameaçadora para os homens. A masculinidade, hoje, parece-me cada vez mais uma fortificação sitiada.

Lembrem-se de que nem sempre a masculinidade dependeu do desempenho sexual; os cavaleiros medievais, por exemplo, frequentemente eram castos por temor a Deus; sua virilidade apoiava-se nas armas. Foi na modernidade que as mulheres tornaram-se testemunhas privadas da virilidade de seus companheiros. Agora, têm sido também avalistas públicas do "valor de gozo" deles. A traição ou o desejo de separação por parte delas confunde-se com a denúncia de uma falha na masculinidade.

Será que só o gozo das balas disparadas da ponta do cano quente de um revólver pode repor o símbolo da potência desvalorizada?

Vícios públicos,
virtudes privadas

Muita gente elogiou a campanha "O melhor do Brasil é o brasileiro", iniciativa do Governo Federal por meio da Secretaria de Comunicação Social da Presidência da República (Secom), visando aumentar a autoestima nacional. Foram utilizadas imagens de pessoas famosas que conseguiram superar, com sucesso, grandes reveses da vida, como Ronaldo e Herbert Vianna. A frase "sou brasileiro e não desisto nunca" enfatizava a coragem e a persistência com que os dois ídolos populares conseguiram reverter graves episódios de má sorte, acidentes que poderiam ter-lhes estragado a vida, mas que foram superados com garra e obstinação. O objetivo de uma campanha como essa é promover a identificação do povo, convocado na posição de público telespectador, com uma suposta qualidade de seus ídolos. Apostou-se nos efeitos benéficos dessa identificação com uma imagem exemplar: nós nos orgulhamos de ser como eles.

Mas a campanha, de forte impacto emocional, não deixou de ser conservadora. Primeiro, por se valer do exemplo de duas celebridades: pessoas que – todos sabem – dispõem de recursos particulares muito acima do comum dos mortais para auxiliá-los em sua luta pela reabilitação, física e psicológica. A garra e a força de vontade de Vianna e Ronaldo são louváveis, mas teriam sido insuficientes para garantir a volta por cima que eles conseguiram dar. Para isso, ambos contaram com equipes médicas competentes, tecnologia de ponta, talvez com apoio psiquiátrico e psicológico da melhor qualidade – coisas que, no Brasil, só o dinheiro pode comprar. Como fica a autoestima do cidadão comum que, apesar de "não desistir nunca", não conta com nenhuma rede sólida de serviços básicos para ajudá-lo a lutar? É possível que ele perceba a enorme distância entre as condições a seu dispor e as das celebridades do anúncio – e, nesse caso, compreenderá que o Brasil das imensas desigualdades sociais ainda não tem muito de que se orgulhar. Ou então, o que é pior: vai sentir-se pessoalmente incapaz, como se o fracasso na tentativa de recuperação de um trauma fosse culpa de fraqueza ou incapacidade sua, e não consequência da falta de recursos de ponta na saúde pública, no país.

Este é o segundo aspecto conservador da campanha: a ênfase no sucesso individual, no esforço solitário de algumas pessoas excepcionais, em detrimento dos empreendimentos coletivos, das lutas que visam à melhoria da sociedade inteira. De minha parte, ficaria mais convencida se a publicidade tivesse utilizado a história das grandes lutas populares da história recente do país. As grandes (e arriscadas) mobilizações de uma parte da sociedade brasileira contra a ditadura militar; as marchas pelas eleições diretas do fim da década de 1980. E, mais ainda – por que não? –, o longo período de mobilizações e greves operárias que deram origem ao Partido dos Trabalhadores (PT) e, duas décadas mais tarde, à primeira eleição presidencial de um líder popular de origem operária. Essa não foi, como em um enredo *hollywoodiano*, uma vitória exclusiva do indivíduo Lula. Foi uma conquista do movimento popular. Quem viu o filme *Peões* (2004), de Eduardo Coutinho, há de entender como a participação nos movimentos populares fortalece o sentimento de autoestima das pessoas. Muita gente vai se indignar, mas, hoje, a frase "sou brasileiro e não desisto nunca" cabe melhor na boca dos integrantes do Movimento dos Trabalhadores Rurais Sem Terra (MST).

Seria importante investigar o efeito dessas campanhas publicitárias, sobretudo nos casos em que suas mensagens não correspondem à experiência direta das pessoas. Talvez elas não acrescentem nada, a não ser dinheiro no bolso de alguns publicitários. Mas, se o impacto das campanhas cívicas (tão ao gosto dos antigos governos militares) for positivo, vale perguntar por que o atual governo tem preferido apelar às nossas virtudes privadas, em detrimento das iniciativas coletivas de reconstituição do espaço público, dos direitos e da cidadania. As virtudes que se interessa exaltar e exercer, no Brasil de hoje, são públicas e republicanas. No entanto, a próxima campanha da Secom, já anunciada nos jornais para 2005, deverá promover o elogio da família. Mais uma vez, é uma campanha de cunho conservador. Não, ninguém tem nada contra a família. Mas qual o sentido de convencer as pessoas de que a vida em família, por si só, seja uma virtude? A família é uma instituição capaz de sintetizar o que temos de melhor e de pior. Amor, mas também autoritarismo. Proteção e controle. Civilidade e corrupção (em nome do leite das crianças). Sociabilidade e individualismo. Noves fora, os extremos se compensam, e a família cumpre o papel de proteger-nos do desamparo radical a que a modernidade nos condena.

Mas o valor ético da família depende muito do tecido social em que ela se inclui. Não é uma boa notícia o resultado de uma pesquisa feita pela Fundação Perseu Abramo sobre a juventude brasileira, em 2000, de que a família é a única instituição em que os jovens afirmam ainda confiar. A família, sozinha, não tem como dar conta de sua tarefa de socializar os novos cidadãos, se as demais instituições sociais desmoralizam-se ou privatizam-se. Por um lado, algumas famílias pervertem-se justamente na medida em que se privatizam ao extremo, perdem a noção de sua inserção coletiva, de sua dívida simbólica com a sociedade, e voltam-se para a defesa exclusiva dos interesses de seus membros. Por outro, as famílias pobres, no Brasil, não encontram na escola pública, nos serviços de saúde, na polícia, no sistema judiciário, na urbanização de seus bairros e cidades a contrapartida para seu esforço educacional. A família, sozinha, não dá conta de formar as novas gerações.

Por fim, espero que a nova campanha não pretenda reabilitar a velha metáfora monarquista da nação como grande família comandada por um pai justo e bondoso. Um país não é uma família; essa identificação forçada visa obscurecer os conflitos de interesses e a contínua tensão política, que é parte necessária da vida de uma nação. A pátria não é uma família, o presidente da República não é "pai" e o povo não é "filho", pelo menos não no sentido da dependência infantil que essa palavra sugere. O povo pode constituir uma fratria – isso sim. Uma rede de ligações horizontais de solidariedade e também de disputa, que forma o sempre dinâmico tecido social. A fratria é que legitima o líder, sustenta (ou destitui) o poder, exigindo respeito e consideração por suas decisões soberanas. Se o poder do pai de família sobre os filhos é fundado na diferença geracional e considerado um direito natural, o poder de um líder democrático está constantemente submetido à vontade e ao julgamento populares. Um pai é pai para sempre, até dentro da cadeia, até no hospital psiquiátrico. Um governante, não.

Estou escrevendo o óbvio ululante, sei disso. Mas as campanhas publicitárias sempre ululam mais alto do que nosso pobre bom senso.

Vidas supérfluas,
mortes anônimas

Todos nós vimos a foto dos dois meninos sob a mira da metralhadora. Foi em setembro passado. Vimos dois meninos encolhidos no chão, protegendo inutilmente a cabeça com as mãos. Acuados. Como bichos, diz o chavão. Errado. Bichos reagem, quando acuados. Nem que seja para morrer. Os meninos encurralados, paralisados pela forma mais absoluta de pânico – o pânico diante da iminência da morte, anunciada através dos olhos do policial –, não reagiam. São humanos.

Depois, seus corpos foram carregados pelas ruas da favela. Doze perfurações em um, dez em outro. Disparos feitos a um metro e meio de distância. Um deles, Luciano Custódio Sales, viveu 24 anos. Charles Machado da Silva viveu 16. Seus nomes foram publicados nos jornais, mas já estão esquecidos. Moravam no morro da Providência, no centro do Rio de Janeiro. Deviam ser traficantes. Ou amigos de traficantes. Ou irmãos de traficantes. Não farão falta a ninguém, a não ser às suas mães. Eram vidas supérfluas.

O importante é que pertenciam àquela faixa da população para quem já se decretou, há tempos, a pena de morte no Brasil. Julgamentos sumários, execuções impunes, réus poupados da lei. "A carne mais barata do mercado é a carne negra", diz o verso de Marcelo Yuka cantado por Elza Soares.

Eu não queria escrever sobre isso. A coluna de hoje deveria tratar da substituição dos saberes eróticos pelas técnicas sexuais. Era sobre um artigo de revista que revela as "novas descobertas" da ciência sobre o orgasmo feminino e ensina às mulheres tudo o que elas precisam saber para gozar direitinho. Quanto mais delegamos aos saberes médicos e científicos a autoridade sobre nosso corpo, nossas emoções e fantasias, mais nos distanciamos do saber que eles guardam e mais precisamos comprar manuais de instruções para amar, criar filhos, comer, nos divertir, gozar. Queria escrever uma coluna irônica, bem-humorada, que fizesse o leitor rir das ideologias "libertadoras" que nos mantêm reféns do mercado das neurociências.

Mas, por azar, li na *Folha de S.Paulo* de hoje que o juiz Sidney Rosa da Silva, do 3º Tribunal do Júri, ordenou o arquivamento do inquérito que investiga a morte de Luciano e Charles, a pedido da promotora Dora Beatriz Wilson da Costa. "Para ela, o fato de disparos terem sido feitos a 1,5 metros não comprova que eles tenham sido mortos sumariamente, ao contrário do apontado no laudo cadavérico"[1], diz a notícia. De acordo com a *Folha*, o juiz Sidney Rosa ordenou o encerramento da investigação sobre a ação dos policiais que supostamente mataram os meninos indefesos. Quem escreve na imprensa sempre deve acrescentar a palavra "supostamente" ao mencionar crimes e abusos cujos suspeitos parecem evidentes aos olhos de todos. Principalmente se os autores forem da polícia. Se eu escrevesse sobre um zé mané que atirou em um cidadão de bem, não precisaria preocupar-me com o "supostamente". Os apresentadores dos programas policiais na TV não se preocupam.

Bem, o suposto assassino de Charles e Luciano foi fotografado por um repórter do jornal *O Dia*, quando apontava a arma para os rapazes indefesos, no chão. Depois, os corpos foram fotografados ao ser carregados favela abaixo. Abatidos com dez e doze tiros, disparados a uma distância de 1,5 metros, diz o laudo. Quer dizer, à queima-roupa. Quer dizer, execução sumária. E, se na foto anterior estavam deitados no chão, encurralados, com as mãos na cabeça, é bastante provável que o suposto atirador não tenha agido em legítima defesa. É bem provável que tenham sido assassinados – essa é a palavra certa. Mas as provas não pareceram conclusivas e a promotora Dora Beatriz da Costa, segundo a reportagem de hoje, decidiu esperar por novas evidências. Que novas evidências podem se esperar agora? Só se, quem sabe, os meninos voltarem de suas sepulturas, como o fantasma do pai de Hamlet, para nos contar a verdade sobre o que aconteceu.

A morte do jogador de futebol Serginho, do São Caetano, está sendo cuidadosamente investigada. Ele não foi assassinado, mas há suspeitas de negligência por parte da direção do clube em relação ao seu estado de saúde. Serginho também

---

[1] "Juiz arquiva caso de morte de rapazes no Rio", *Folha de S.Paulo*, 7/12/2004.

era pobre, também era pardo, também era jovem. Talvez não tenha parado de jogar, apesar do problema cardíaco, porque precisava sustentar a família. Mas o cidadão Serginho existiu, na consciência dos brasileiros. Sua vida não foi supérflua. Sua morte não foi anônima. E, se houve descaso, a sociedade espera que não fique impune.

Não há mais dúvidas de que a sociedade brasileira aceita com tranquilidade a divisão dos cidadãos entre gente de primeira, segunda e terceira classes. A carne mais barata do mercado é a carne negra oriunda das favelas paulistanas, cariocas, pernambucanas. Depois, vem a carne dos nordestinos que vivem/morrem de "causas naturais" nas regiões afetadas pela seca. Em terceiro lugar está a carne dos trabalhadores sem terra – mas esta teve a cotação ligeiramente elevada, recentemente, porque o movimento social que os ampara já não deixa barato nenhuma execução criminosa. E, no topo da escala, encontram-se as carnes nobres, as nossas carnes, protegidas pelas instituições democráticas, pela polícia (salvo alguns erros fatais que, estes sim, são apurados sem que nenhum juiz mande arquivar as investigações). Protegidas, acima de tudo, pelo nosso poder de comprar proteção, segurança, saúde.

Acontece que a realidade vivida pelos cidadãos de primeira já se afastou tanto das outras que é como se fôssemos mesmo de espécies diferentes. Nós nos mobilizamos "pela paz" quando um dos "nossos" é assassinado, mas não nos importamos com o arquivamento das investigações que deveriam apontar os culpados pela morte de fulano e beltrano em Altamira, na Rocinha, em Heliópolis.

Acontece que os cidadãos da primeira classe botam tanta fé no seu poder de compra que nem se tocam de que a violência que pretendem combater, quando os afeta, aumenta exponencialmente cada vez que a carne barata vai parar, anônima, em sacos de plástico. Não só porque essa violência, praticada contra "eles", diz respeito à sociedade toda; envergonha a sociedade toda. Mas porque não se pode esperar que os cidadãos expropriados de cidadania nos respeitem ou respeitem a lei que os exclui de sua proteção.

Os cidadãos supostamente de bem que defendem a pena de morte (a constitucional, quero dizer) utilizam o argumento emocional, aparentemente irrecusável: "Como você reagiria se a vítima fosse um filho seu? Não ia querer ver o bandido morto?". Então, apenas por um exercício de imaginação, vamos aplicar essa Lei de Talião de lá para cá. Como o pai, o irmão, o filho de fulano e beltrano reagiriam ao assassinato sem julgamento de seu filho, irmão, pai, tolerado covarde e implicitamente pela sociedade das pessoas de bem? A pena de morte sumária aplicada de cá para lá, debaixo de nossos olhos indiferentes, é paga com a pena de morte de lá para cá, debaixo de nossos olhos indignados. Quem deveria parar primeiro? Supostamente, a polícia. Supostamente, o Estado. Supostamente, a justiça. Eles servem para isso. São pagos para proteger tanto a vida dos anônimos quanto a dos figurões.

Queria estar escrevendo sobre orgasmos roubados e (re)vendidos a seus proprietários pela ciência e pela medicina. Mas tive de escrever sobre impunidade. Gostaria que esta coluna motivasse pelo menos um abaixo-assinado, um movimento de protesto, de pressão, contra o arquivamento da investigação sobre as mortes de Luciano Sales e Charles da Silva, no morro da Providência, em setembro de 2004. Contra as mortes impunes e os sepultamentos anônimos; contra as execuções sumárias que pioram a vida dos pobres, pioram a sociedade, pioram a todos nós, cidadãos de primeira classe que tentamos acomodar nossa consciência a uma moral social de quinta categoria.

Só vai dar para respeitar os movimentos bem-intencionados da classe média que se diz "pela paz" quando eles também saírem às ruas para pedir a apuração dos assassinatos da carne de segunda, como o crime do morro da Providência.

Futebol[1]

A viso aos leitores: não entendo de futebol. Não tenho direito a dar nenhum palpite técnico a respeito. Não posso nem participar das enquetes de torcedores que escolhem o melhor goleiro ou o melhor zagueiro de um campeonato. Nunca acompanhei um campeonato inteiro, com exceção das Copas do Mundo, e não sou capaz de lembrar-me de um gol, um passe, uma jogada genial. Já me esqueci dos nomes da maioria dos jogadores do time pentacampeão.

Mas uma vez ou outra tive o privilégio de ser tocada pela Graça e entender a paixão que o futebol desperta em milhões de brasileiros. Uma vez ou outra – como na final do Brasileiro, domingo passado. Não estou aqui para dizer que Santos e Corinthians jogaram um bolão. Que foi uma partida disputada e/ou equilibrada. Não tenho autoridade: minha perspectiva é totalmente literária. O jogo de domingo passado reforçou minha impressão de que o futebol é o mais apaixonante dos esportes porque é o que mais se parece com uma síntese dramática – às vezes, trágica – da vida.

Em primeiro lugar, como na vida, existe o tempo e sua tirania. É o limite do tempo que vai determinar o final da partida. No último minuto, um lance pode virar o jogo e inverter o que foi arduamente conquistado nos noventa minutos precedentes. No último minuto, uma vitória quase certa pode virar derrota. Aristóteles escreveu, em sua *Ética*: o valor de um homem só se escreve no último dia da vida. No futebol, vai valer o placar do minuto final. O time que jogou um bolão com garra pode perder para o outro que ficou na retranca e cavou um pê-

---

[1] Escrevi este artigo em 2002, por ocasião da final do Campeonato Brasileiro. A derrota do Brasil na Copa do Mundo, por falta de espírito de equipe – sobraram estrelas e faltaram peões –, além da dramática partida final entre França e Itália, me fizeram pensar que ele ainda pode ser atual.

nalti aos 44 minutos. Assim como na vida, o acaso pesa, e muito, no futebol. Um passe mal calculado, por uma diferença de milímetros, pode colocar a bola nos pés do adversário. Uma falta manhosa pode passar despercebida, um gol pode ser injustamente anulado porque o juiz considerou impedimento.

Como na vida, estamos nas mãos do acaso e, o que é pior, da precária justiça dos homens. O juiz não tinha ângulo para avaliar o impedimento? Azar. Fica assim mesmo. O jogador que exagerar no protesto ainda pode levar um cartão. Somos vítimas do acaso e também das emoções. Quem não se controla pode dançar.

Pode-se ganhar ou perder um jogo por um triz – e não tem volta. O duro é que não tem volta. Como se sente o jogador que errou uma cobrança de pênalti? Calculou mal o ângulo; chutou para o lado que o goleiro (também ao acaso) escolheu; perdeu o mais fácil dos gols. Sai humilhado, derrotado. Vítima do acaso.

Por fim, no futebol, como na vida, nenhum gênio se faz sozinho. Talentos individuais são inegáveis, jogadas individuais podem ser decisivas. Mas, como na vida, é preciso que o time se entenda. É preciso que o craque saiba jogar junto com os outros. O futebol é o mais coletivo dos jogos – e também o mais difícil. Um jogo genial pode acabar em zero a zero. Como na vida, o time pode lutar com todas as suas forças – e não fazer nenhum gol!

Os adjetivos usados pelos locutores esportivos reforçam as metáforas da vida: uma partida dramática, uma derrota trágica para o time que foi rebaixado. Torcedores quase morrem do coração. Todos os afetos entram em campo: lágrimas, fúrias e, claro, as maiores alegrias que um homem pode conhecer. Cabe perguntar: por que tanta esperança e desespero? O que significa um time? Que valor tem um título? O que está em jogo, afinal? Símbolos. "Apenas" símbolos.

O futebol, mais do que qualquer outro esporte, nos faz ver que nossa humanidade se define toda no campo dos símbolos. Os símbolos são tão vitais quanto o ar que respiramos. O futebol, como algumas formas superiores da arte, firma o nobre pacto entre a eternidade do símbolo e a fugacidade do corpo.

À sua imagem e semelhança

Já sei foi o tempo em que os homens acreditavam ter sido feitos à imagem e semelhança de Deus. Era uma fantasia bonita, que dizia respeito à grandeza dos ideais e à insignificância da condição humana. Se o projeto original do ser humano correspondia à imagem e semelhança de Deus, cada homem particularmente se sabia tão dessemelhante da plenitude divina que deveria viver buscando a perfeição a que estaria destinado. O sentido de uma vida se escreveria, assim, de trás para a frente; era preciso agir de tal modo a fazer valer a aposta antecipada do Criador a respeito de suas criaturas.

A era da religiosidade terminou no Ocidente, libertando os homens da servidão milenar em relação aos planos traçados por um Outro onipotente, onisciente e onipresente. O homem contemporâneo continua procurando um mestre a quem servir e, em última instância, vai encontrá-lo em algumas representações inconscientes, onde se preserva a fantasia infantil sobre a onipotência do Outro. Por outro lado, o desamparo deixado pela falta de um Deus provocou uma onda de novos fundamentalismos religiosos, que vai do *boom* das Igrejas Universais à proliferação de pequenas seitas delirantes que vêm agenciando as multidões desde as últimas décadas do século XX. Mas a religiosidade pós-moderna é uma espécie de religiosidade *de resultados*, que invoca as forças celestes para garantir as ambições terrenas dos fiéis. Jesus, que teria dado a vida para trazer uma nova palavra aos homens, hoje é convocado como uma espécie de fiador dos projetos de ascensão social de suas ovelhas e, sobretudo, de pastores e pastoras oportunistas.

O homem ocupa hoje o centro de sua própria existência. Essa emancipação nos confronta com o vazio. Não há Ninguém lá, de onde esperávamos que um Pai se manifestasse para dizer o que deseja de seus filhos. Não fomos feitos para corresponder à imagem e semelhança de Deus nenhum. Trata-se agora de reproduzir a imagem e semelhança de nós mesmos. Essa é a fantasia, ao mesmo tempo grandiosa e hedionda, da clonagem. Grandiosa pelo poder que confere à ciência e aos seus sacerdotes, supostamente capazes de abolir o acaso e a indeterminação da vida. Hedionda – pelas mesmas razões.

Foi noticiado esta semana o nascimento do primeiro clone humano. Não se provou ainda se a menina Eva, "criada" pela bispa, bioquímica e diretora da empresa Clonaid, Brigitte Boisselier, é de fato um clone de sua mãe, assim como ainda não se sabe de todos os problemas de saúde que um mamífero clonado pode apresentar. Mas não é isso o que quero discutir.

Bispa, cientista e empresária, Boisselier é a mais completa tradução da combinação de interesses que fundamenta a seita Movimento Raeliano, representativa das novas formas de religiosidade de resultados a que me refiro. Se a Igreja católica e as protestantes nunca foram alheias ao poder e à concentração de riquezas, a novidade do Movimento Raeliano consiste em criar uma ideologia que não funciona como estratégia de ocultação de seus interesses, mas como sua mais cínica expressão. A vida eterna é um produto industrializado e lucrativo, garantido pela clonagem, que permitiria a cada ser humano reproduzir a si mesmo, transmitindo aos descendentes sua própria consciência pelos séculos e séculos. A ciência e o capital conjugam-se para perpetuar *sua* reprodução, em nome da perpetuação de um sonho narcisista e mortífero. Elimina-se, nessa operação, o acaso e o futuro – portanto, toda a esperança. O mundo humano será um eterno espelho de nós mesmos, de nossa mesquinhez, de nossas ridículas pretensões. A esperança de imortalidade já não se jogará mais no campo simbólico, nas grandes obras destinadas a sobreviver a seus criadores. A imortalidade será feita de carne, de gozo, de poder e de dinheiro.

A lógica da droga
está em toda a parte

Não vamos nos iludir: a guerra civil desorganizada entre a sociedade civil desorganizada, o crime organizado e o Estado desarticulado, no Rio de Janeiro, não se restringe ao Rio de Janeiro. Ela acontece no Brasil inteiro. Só o crime é organizado no Brasil? Só o crime funciona com regras claras e leis invioláveis? Só o crime consegue fazer pactos – entre a banda podre da polícia, os políticos corruptos, a população pobre, abandonada pelo poder público e protegida pelos traficantes – em defesa de seus interesses? Não, o crime organizado, no Brasil, não é um problema só do Rio de Janeiro. Antes fosse.

Acontece que, no Rio, é mais estreita a promiscuidade entre a polícia mal paga e os milionários do tráfico. No Rio, as favelas que abrigam os quartéis generais e os endereços comerciais do tráfico estão *dentro* das regiões ditas "nobres" da cidade – o que aumenta a insegurança geral e torna os enfrentamentos com a polícia ou as guerras entre facções muito mais visíveis na rua e na imprensa.

Além disso, o Rio de Janeiro, que eu também adoro, sempre foi a grande cortesã do Brasil. Mais do que qualquer outra cidade, ela se oferece toda, à primeira vista, como paraíso sem pecado em permanente estado de (belíssima) natureza. Mais do que qualquer outra, o Rio é a cidade profana do Carnaval, do verão, da nudez exposta ao sol, da vadiagem. Para quem pode. As praias são tão acessíveis, as escolas de samba abrigam tanta gente, os botequins são tão onipresentes que, no Rio, tem-se a impressão de que *todo mundo* goza do que a cidade promete. E a cidade sabe disso. A cidade se oferece, a cada esquina. Só quem trabalha duro, anda nos ônibus lotados ao sol de quarenta graus e nunca chega perto da praia sabe como dói ser carioca e não participar da farra.

O problema é que a lógica da folia permanente a que o Rio de Janeiro se propõe – como vitrine do país – é a lógica da droga. A mesma lógica que rege os vínculos sociais no Brasil e em todo o mundo ocidental. Só tem um jeito pacífico de acabar com o poder do tráfico de drogas: extinguir o mercado da droga. Educar os jovens para desprezar a maconha, a cocaína, o *ecstasy* e o *crack*. Criar um ambiente psicológico totalmente antidrogas no Brasil. O que é ridículo. O Brasil adora a droga. As sociedades industriais contemporâneas veneram a droga. Os Estados Unidos de Bush cultivam a lógica da droga, exportam a cultura da droga, filmam a estética excitante e entorpecente da droga para o mundo consumir.

A lógica da droga é a lógica das sensações alucinantes. Dos prazeres estonteantes. A ética da droga é a ética do *no limits*. Do quanto mais, melhor. Tudo ao mesmo tempo agora. A gente adora ficar muito louco. De cerveja, de refrigerante, de música acima dos decibéis suportáveis, de sol, de tesão, de adrenalina. Então, por que não de maconha?

A gente adora adrenalina. A gente não quer nada vazio; todos os centímetros quadrados da cidade estão nos enviando mensagens de prazer. A publicidade grita conosco, acena para nós das paredes dos prédios, das laterais dos ônibus, dos postes, dos aviões no céu. A gente quer *otimizar* a vida. A vida é economia. A economia é o sentido da vida. A vida é lucro contínuo – ou não é nada. Então, por que não acelerar cheirando pó?

A ética da droga é a ética do consumo, para a qual todos serão chamados, mas poucos os escolhidos. E a ética do tráfico é a ética do mercado: vale tudo para derrotar a concorrência e vender sempre mais. Ou mudamos de ética, ou deixemos de ser hipócritas: por que não acabar com os crimes do tráfico, no mundo inteiro, legalizando as drogas?

Este assunto, é claro, tem de continuar na próxima coluna.

As drogas e a saúde do país

Prometi escrever mais sobre a descriminalização das drogas. Começo com uma observação: é complicado liberar a venda e o consumo de drogas em um só país, sobretudo em um país pobre como o Brasil, que em pouco tempo se tornaria – mais do que já é – um entreposto do tráfico internacional. Mas talvez não: se a droga fosse um produto comercializável como qualquer outro, sua circulação para fora do país estaria sujeita a controles alfandegários regulares, centralizados pelo governo federal e não mais pelo crime organizado.

Há um argumento moral contra a legalização, que mencionei na última coluna: não é possível proibir o uso de drogas por razões morais, com uma mão, ao mesmo tempo que se cultiva a atitude subjetiva típica das drogadições, com a outra. É difícil convencer um adolescente de que o uso de drogas vai prejudicar sua vida quando a única porta que a sociedade oferece para sua entrada na vida adulta é a porta do consumo – não de objetos, mas sobretudo de imagens, todas elas associadas a sensações alucinantes, emoções avassaladoras e prazeres transgressivos. Observem. Um anúncio de automóvel dirigido a adolescentes não vende as vantagens legais de se andar de automóvel. Vende a velocidade acima dos limites, a farra da galera e o prazer sacana de deixar os outros para trás. Vende exibicionismo, exclusão (do outro), transgressão e "barato". Várias propagandas de cerveja, de vodca e das novas *ices* vendem, sem nenhum pudor, as agradáveis alucinações ligadas ao consumo de álcool – que, por sinal, faz grande mal à saúde. Que moral tem uma sociedade assim para coibir a droga?

Outro argumento é o da saúde pública. A droga pode matar. O vício pode inutilizar muita gente para os estudos e para o mercado de trabalho. Mas o mercado de trabalho não aproveita nem metade das forças à sua disposição, e a rede pública escolar deixa de fora milhares de crianças e jovens que nunca se drogaram. O tráfico, por sua vez, emprega e paga bem. A revista *Reportagem* de janeiro publicou pesquisa do Instituto Brasileiro de Inovações em Saúde Social (Ibiss) que mostra que o tráfico de drogas nas favelas do Rio de Janeiro emprega hoje mais de 12 mil jovens até 18 anos, contra pouco mais de 3 mil ocupados no mercado regular de trabalho. Para essas pessoas que estão sempre sobrando, o tráfico e o crime organizado não são um problema: são a grande solução. Além disso, é a ilegalidade que faz das drogas um produto de luxo, aumentando os lucros e o poder paralelo dos traficantes, além de alimentar as conexões do tráfico com outros setores do crime organizado.

Por fim, a criminalização da droga faz com que outros, que não o usuário, arquem com as consequências da drogadição nacional. É claro que os abusos no uso das drogas são um problema de saúde pública. Mas são casos-limite. Hoje, morre muito mais gente na guerra do tráfico – inclusive inocentes, crianças e trabalhadores atingidos por balas perdidas – do que de *overdose*. Há muito mais vidas de brasileiros desperdiçadas nos presídios, de onde poucos saem socializados, do que nas clínicas de recuperação de drogados. O crime e o tráfico no Brasil são problemas de saúde pública. Mas também o alcoolismo, perfeitamente legal. E o abuso de cigarros.

A droga em excesso faz mal. Eu, particularmente, preferiria viver não em um mundo careta, mas em um mundo de baratos leves, capazes de nos libertar da prisão do cotidiano, da pressa, da agenda lotada, do tédio. A droga só faz mal a quem escolhe se drogar. A legalização trataria o drogado como sujeito, responsável pelas suas escolhas, e não como vítima a ser protegida de si mesma. As vítimas que a sociedade precisa proteger são outras.

A matança dos suspeitos

Vamos falar sério: alguém acredita que a rebelião do PCC foi controlada pela polícia de São Paulo? Vejamos: as autoridades apresentaram aos cidadãos evidências de que pelo menos uma parte da poderosa quadrilha do crime organizado foi desbaratada? O sigilo dos celulares que organizaram, de dentro das prisões, a onda de atos terroristas nos estados de São Paulo, Paraná, Mato Grosso etc. foi quebrado para revelar os nomes de quem trabalhou para Marcos Camacho, o Marcola, fora da cadeia? Qual foi o plano de inteligência posto em ação para debelar a investida do terror iniciada no último fim de semana?

Alguém acredita que "voltamos à normalidade?" Ou, se voltamos – pois a vida está mais ou menos com a mesma cara de antes, só um pouco mais envergonhada –, de que normalidade se trata?

Uma normalidade vexada: uma vez constatada a rapidez com que os capitalistas selvagens do tráfico de drogas desestabilizaram o cotidiano do estado mais rico do Brasil, não dá mais para esconder o fato de que nossa precária tranquilidade depende integralmente da tranquilidade deles. Se os defensores da lei e da ordem não mexerem com seus negócios, eles não mexem conosco. Caso contrário, se seus interesses forem afetados, eles põem para funcionar imediatamente a rede de miseráveis a serviço do tráfico, conectada por meio de celulares autorizados pelo sistema carcerário (qual outra explicação para a falta de bloqueadores e detectores de metal nos presídios?) e tolerada pelo governador de plantão. No caso, o mesmo governador que, na hora do aperto, rejeitou trabalhar em colaboração com a Polícia Federal e, horas depois, negou ter feito acordos com os líderes do PCC. Segunda-feira, nos telejornais, o governador Lembo nos fez recordar a retórica autoritária dos militares: nada a declarar, além de "tudo tranquilo, tudo sob controle". E quanto aos

80 mortos (hoje são 115), governador? Ah, aquilo. Bem, aquilo foi um drama, é claro. Lamento muito. Mas pertence ao passado.

A falta de transparência na conduta das autoridades e a desinformação proposital, que ajuda a semear o pânico na população, fazem parte das táticas autoritárias do atual governador de São Paulo. Quanto menos a sociedade souber a respeito da crise que nos afeta diretamente, melhor. Melhor para quem?

Na noite de segunda-feira, quando os paulistanos em pânico tentavam voltar mais cedo para casa, vi-me parada ao lado de uma viatura policial, em um dos muitos congestionamentos que bloquearam a cidade. Olhei o homem à minha esquerda e, pela primeira vez na vida, solidarizei-me com um policial. Vi um homem humilde, desprotegido, assustado. Cumprimentou-me com um aceno conformado, como quem diz: "Fazer o quê, não é?". Pensei: ele *sabe* que está participando de uma farsa. Uma farsa que pode lhe custar a vida.

De repente, entendi uma parte, pelo menos uma parte, da já habitual truculência da polícia brasileira: eles sabem que arriscam a vida em uma farsa. Não me refiro aos salários de fome que facilitam a corrupção entre bandidos e policiais militares. Refiro-me ao combate ao crime, à proteção da população, que são a própria razão de ser do trabalho dos policiais. Se até eu, que sou boba, percebi a farsa montada para que a polícia fingisse controlar o terror que se espalhava pela cidade enquanto as autoridades negociavam respeitosamente com Marcolas e Macarrões, imagino a situação do meu companheiro de engarrafamento. Imagino a falta total de sentido do exercício arriscado de sua profissão. Imagino o sentimento de falta de dignidade desses que têm licença para matar os pobres, mas sabem que não podem mexer com os interesses dos ricos, nem mesmo dos que estão trancados em presídios de segurança máxima e restrições mínimas.

Mas é preciso trabalhar, tocar a vida, exercer o trabalho sujo no qual não botam fé nenhuma. É preciso encontrar suspeitos, enfrentá-los a tiros, mostrar alguns cadáveres à sociedade. Satisfazer nossa necessidade de justiça com um teatro de vingança. A esquizofrenia da condição dos policiais militares foi revelada por algumas notícias de jornal: encapuzados como bandidos, executam inocentes sem razão alguma para, a seguir, exibindo a farda, fingir ter chegado a tempo de levar a vítima para o hospital.

Isso é o que alguns PMs fazem na periferia, nos bairros pobres onde também eles moram, onde o desamparo em relação à lei é mais antigo e radical do que nas regiões mais centrais da cidade. Nas ruas escuras das periferias, os PMs cumprem seu dever de vingança e atiram no entregador de pizza. Atiram no menino que esperava a noiva no ponto de ônibus ou nos anônimos que conversam desprevenidos, em uma esquina qualquer. No motoboy que fugiu assustado – quem mandou fugir? *Alguma ele fez...* Não percebem – ou percebem? – que o arbítrio e a truculência com que tratam a população pobre contribuem para o prestígio dos chefes do crime, que às vezes se oferecem às comunidades como única alternativa de proteção.

Assim a polícia vem "tranquilizando" a cidade, ao apresentar um número de cadáveres "suspeitos" superior ao número de seus companheiros mortos pelo terrorismo do tráfico. Suspeitos que não terão nem ao menos a sorte do brasileiro Jean Charles, cuja morte será cobrada da polícia inglesa porque dela se espera que não execute sumariamente os cidadãos que aborda, por mais suspeitos que possam parecer. Não é o caso dos meninos daqui; no Brasil, ninguém, a não ser os familiares das vítimas, reprova a polícia pelas execuções sumárias de centenas de "suspeitos". Mas até mesmo os familiares têm medo de denunciar o arbítrio, temendo retaliações.

Aqui, achamos melhor fingir que os suspeitos eram perigosos e que seu assassinato é condição da nossa segurança. Deixemos o Marcola em paz; ele só está cuidando de seus negócios. Negócios que, se legalizados, deixariam o campo de forças muito mais claro e menos violento (morre muito mais gente inocente na guerra do tráfico do que morreria de *overdose*, se as drogas fossem liberadas – disso estou certa). Mas são negócios que, se legalizados, dariam muito menos lucro. O crime é que compensa.

Então ficamos assim: o Estado negocia seus interesses com os do Marcola, um homem poderoso, fino, que lê Dante Alighieri e tem muito dinheiro. Deixa em paz os superiores do Marcola que vivem soltos por aí, no Congresso talvez, ou abrigados em algumas secretarias de governo. Deles, pelo menos, a população sabe o que pode e o que não pode esperar. E, já que é preciso dar alguma satisfação à sociedade assustada, deixemos a polícia à vontade para matar suspeitos na calada da noite. Os policiais se arriscam tanto, coitados. Ganham tão pouco para servir à sociedade, e podem tão pouco contra os criminosos de verdade. Eles precisam acreditar em alguma coisa; precisam de alguma compensação. Já que não temos justiça, por que não nos contentar com a vingança? Os meninos pardos e pobres da periferia estão aí para isso mesmo. Para morrer na lista dos suspeitos anônimos. Para ser executados pela polícia ou pelos traficantes. Para se viciar em *crack* e se alistar nas fileiras dos soldadinhos do tráfico. Para sustentar nossa ilusão de que os bandidos estão nas favelas e de que, do lado de cá, tudo está sob controle.

Você tem medo de quê?

Vou direto ao ponto: estive em Paris. Está dito e precisava ser dito, logo verão por quê. Mas é difícil escapar à impressão de pedantismo ou de exibicionismo ao dizer isso. Culpa da nossa velha francofilia (já um tanto fora de moda). Ou do complexo de eternos colonizados diante dos países de Primeiro Mundo. Alguns significantes, como Nova York ou Paris, produzem fascínio instantâneo. Se eu disser "fui a Paris", o interlocutor responderá sempre: "que luxo!". E se contar: "fui assaltada em Paris", ou "fui atropelada em Paris", é bem provável que escute: "mas que luxo, ser assaltada (atropelada) em Paris!".

O pior é que é verdade. É um verdadeiro luxo, Paris. Não por causa do Louvre, da Place Vendôme ou da Champs-Élysées. Nem pelas mercadorias todas, lindas, chiques, caras, que nem penso em trazer para casa. Meu luxo é andar nas ruas, a qualquer hora da noite ou do dia, sozinha ou acompanhada, a pé, de ônibus ou de metrô (nunca de táxi), e não sentir medo de nada. Melhor: de ninguém. Meu luxo é enfrentar sem medo o corpo a corpo com a cidade, com a multidão.

O artigo de luxo que eu traria de Paris para a vida no Brasil, se eu pudesse – artigo que não se globalizou, ao contrário, a cada dia fica mais raro e caro –, seria esse. O luxo de viver sem medo. Sem medo de quê? De doenças? Da velhice? Da morte, da solidão? Não, esses medos fazem parte da condição humana. Pertencemos a esta espécie desnaturada, a única que sabe de antemão que o coroamento da vida consiste na decadência física, na perda progressiva dos companheiros de geração e, por fim, morte. Do medo desse previsível *grand finale* não se escapa.

O luxo de viver sem medo a que me refiro é bem outro: o de circular na cidade sem temer o semelhante, sem que o fantasma de um encontro violento esteja sempre presente. Não escrevi "viver em uma sociedade sem violência", já que a violência é parte integrante da vida social. Basta que a expectativa da violência não predomine sobre todas as outras; que a preocupação com a "segurança" (que no Brasil de hoje se traduz nas mais variadas formas de isolamento) não seja o critério principal para definir a qualidade da vida urbana.

Não vale dizer que fora do socialismo esse problema não tem solução. Há mais conformismo do que parece em apostar todas as fichas da política na utopia. Enquanto a sociedade ideal não vem, estaremos condenados a viver tão mal como vivemos todos por aqui? Temos que nos conformar com a sociabilidade do medo?

Mas eu conheço, eu vivi em uma cidade diferente desta em que vivo hoje. Essa cidade era São Paulo. Já fiz longas caminhadas a pé pelo centro, de madrugada. Namorando, conversando com amigos, pelo prazer despreocupado da *flânerie*. A passagem do ano de 1981 para 1982 está viva na minha lembrança. Uma amiga pernambucana quis conhecer a "esquina de Sampa". Fomos, em um grupo de quatro pessoas, até a Ipiranga com a São João. Dali, nos empolgamos e seguimos pelo centro velho. Mendigos na rua não causavam medo. Do Paysandu (o Ponto Chic estava aberto, claro!) seguimos pelo Arouche, República, São Luis, Municipal, Patriarca, Sé; o dia primeiro nasceu no largo São Bento.

Não escrevo movida pelo saudosismo, mas pela esperança. Isso faz tão pouco tempo! Sei lá como os franceses conseguiram preservar seu raro luxo urbano. Talvez o valor do espaço público, entre eles, não tenha sido superado pelo dos privilégios privados. Talvez a lei se proponha, de fato, a valer para todos. Pode ser que a justiça funcione melhor. E que a sociedade não abra mão da aposta nos direitos. Pode ser que a violência necessária se exerça, prioritariamente, no campo da política e não no da criminalidade.

Se for assim, acabo de mudar de ideia. Viver sem medo não é, não pode ser, um luxo. É básico; é o grau zero da vida em sociedade. Viver com medo é que é uma grande humilhação.

O passado é um lugar seguro

A família de minha mãe, no passado, teve uma pequena fazenda, vendida quando eu tinha sete anos. Ali passei as férias da primeira infância. Ali minha mãe passou todas as férias da vida dela. Ao deixar de ser nossa, a fazenda do Tatu virou mito. Durante muitos anos, minha mãe me contava as aventuras da infância dela. Imaginada através *"de la neblina del ayer"**, a infância de minha mãe incorporou-se à minha própria memória em um escaninho paradisíaco, tanto mais meu quanto mais perdido para ela. Até hoje, diante de paisagens de terra vermelha ou do cheiro do capim-gordura na beira da estrada, sou tomada pela inquietante nostalgia de um passado que não me pertence: sinto saudades da infância de minha mãe, a qual, por sua vez, terá chegado a mim atravessada por vagas lembranças da infância da mãe dela, nascida em uma fazenda ainda mais remota em um interior perdido de Minas Gerais.

Só muito recentemente eu me dei conta de que a vidinha mansa e doce de meus bisavôs na lendária Pacau, matéria da nostalgia rural acalentada por minha família materna, teria sido sustentada à custa de trabalho escravo. Não que eu não pudesse ter imaginado isso antes – mas não tinha feito as contas. Minha mãe achava muita graça no episódio em que alguns escravos de estimação de minha bisavó viúva vieram uma tarde lhe contar, candidamente: "Sinhá, o feitor não vai mais trabalhar por aqui porque *nóis matemo ele*".

---

* Trecho da canção "Vete de mi", de Virgilio Expósito e Homero Expósito, consagrada na voz de Bola de Nieve. (N. E.)

Complacente ou displicente, sinhá contratou outro feitor e manteve os escravos a que estava habituada. A violência cotidiana da escravidão que culminou no justiçamento de um feitor anônimo e certamente cruel não impediu que a geração de minha mãe nos transmitisse uma saudade imensa dos "bons tempos" da vida em Pacau.

Bons tempos é o nome que damos ao passado – qualquer passado. São os bons tempos, é o *nosso* tempo. Passei a adolescência e parte da juventude sob a ditadura militar, e isso não impede que me pegue com frequência a acalentar uma estranha utopia em retrospecto, de que "no meu tempo" a vida tinha mais graça. De todas as formas de escapismo inventadas pelos homens para suportar o osso duro da vida real, talvez a mais inconsciente seja a idealização do passado. Direita e esquerda, conservadores e progressistas cultivam, cada um à sua maneira, o mito de seus bons tempos. Isso é ainda mais grave no caso da esquerda, cujo compromisso progressista não a impede de cultivar, sem a revisão crítica, saudades das utopias que já (não) foram. Não é de hoje que tudo fica cada vez pior aos olhos das gerações presentes. Montaigne e Pascal já lamentavam as mudanças nos costumes de suas épocas. "Esse mundo tá perdido, sinhá!" – era o bordão da ex-escrava tia Nastácia, velha contadora de histórias e exímia cozinheira de café e bolinhos nos livros infantis de Monteiro Lobato.

O mundo globalizado volta-se todo para o futuro. A vida imita a urgência das apostas antecipadas que criam as tais *bolhas* de não riqueza do capital financeiro. A tecnologia aponta para a superação de todas as descobertas, que já nascem com os dias contados, fadadas à obsolescência. Chamamos de progresso a essa forma de vida cada vez mais breve das coisas, na medida em que o trabalho humano se torna obsoleto com igual rapidez.

O presente é uma partícula mínima de tempo, cada vez mais comprimida entre o que já foi e o que será. A rigor, pensem bem: o presente não existe. O futuro é um lugar gelado onde não vive ninguém, de onde só nos acenam novas promessas de velocidade. A depender das tecnociências de hoje, no futuro nos deslocaremos ainda mais depressa, nos comunicaremos mais depressa, ganharemos e perderemos dinheiro mais depressa – e tentaremos envelhecer mais devagar.

O passado tornou-se o único terreno seguro onde a imaginação pode armar sua tenda e contemplar o mundo em relativa tranquilidade. Na vida em retrospecto, todas as nossas escolhas teriam sido corretas. Teríamos sido abolicionistas no século XIX, modernistas nos anos 1920, resistentes antifascistas em 1930-1940, opositores firmes contra as duas ditaduras brasileiras. O passado nos poupa da dimensão trágica da escolha.

Mas é no presente que o corpo está vivo. No presente é que se jogam os lances de dados do destino. Ele é tudo o que temos – e nos escapa.

Sua única vida[1]

Jantou e foi jogar truco na praça Jaraguá. Ou pôquer, a (pouco) dinheiro. Alguém sempre levava um baseado. Fumou com os outros. Tomou um guaraná no bar do português, que reclamou que o irmão dele tinha levado um cigarro sem pagar. Não pagou o cigarro do irmão, senão não sobrava pro pôquer. O português ameaçou qualquer coisa. Ele já estava de costas, na porta. Falou filhadaputa meio baixo, meio alto. Se o cara quis ouvir, ouviu. Se não quis, deixa quieto. Não estava muito inspirado pra arrumar treta. Tipo domingão sossegado. Uma vez, uma amiga perguntou por que se dizia sempre filhadaputa, mesmo pra xingar um homem. Nunca tinha pensado nisso.

Nunca tinha pensado em muita coisa. Se sua vida era boa, por exemplo: nunca tinha pensado. Quando era menor e ficava de recuperação, obrigado a estudar de noite, resmungava "merda de vida", mas não achava sua vida uma merda. Nem que era uma beleza; nem nada. Era a vida que ele tinha. Também não parava pra pensar que aos dezenove, sexo masculino, cor parda, morador da Zona Norte, fazia parte de uma estatística tenebrosa. O medo era parte da vida dele como tudo o mais, como da vida de todo mundo.

Nunca tinha pensado em si mesmo como maloqueiro. Muito menos como bandido. Só porque dava uma bola à noite com os amigos? Só porque de vez em quando era ele que pegava o fumo na casa de um e levava para os outros na praça? Só porque às vezes avisava o traficante do pedaço que a polícia estava

---

[1] Em memória de Anderson Gomes, Caroline Borges, Flávio Almeida, Pamela Ribeiro, Paulo Henrique Glinglani, Rafael Araújo e Rodolfo Madeira, jovens entre 19 e 26 anos mortos em chacina no bairro do Jaraguá, em São Paulo, em 7 de maio de 2007. Até a data de publicação deste texto, o crime não havia sido esclarecido.

perto, e com isso faturava um baseado? Pensava em sua família como pobre, claro. Ouvia o pai dizer isso várias vezes por mês. Mas iam todos levando, ele ia levando também.

De modo que não estava nem um pouco prevenido. Estava só meio à toa em uma noite de domingo. Não foi o primeiro a perceber a chegada dos motoqueiros. Na verdade, o que ele viu, antes de tudo, foi a cara que fez o Eliseu depois de baixar o jogo. Chegou a ter um pensamento engraçado, que o amigo fez aquela cara porque o jogo era baixo, mas não deu tempo de acabar o pensamento porque o Eliseu caiu. Só então escutou o estampido, já no ouvido da memória. Percebeu o colega estatelado no chão.

Será que escutou o segundo tiro, o que passou por dentro das costelas dele? Só sabe que de repente também estava no chão, de cara pro olho vidrado do Eliseu. Aí então pensou, pela primeira vez, que aquela era a sua vida. Sua única vida. Pensou pela segunda vez e daí começou a doer. Ouviu uma voz igual à sua gemer, mas não sabia que estava gemendo, estava só pensando "esta é minha única vida", e tinha uma moto roncando dentro do seu pensamento.

Debaixo de um caminhão estacionado ali pertinho viu o Francisco se mexer para sair do esconderijo. Como se o amigo ouvisse sua voz que ainda gemia e se mexesse para dar uma força. Só que a Lena puxou forte a camiseta dele e falou "cê tá maluco?", e o Francisco continuou deitado quieto.

Nunca tinha pensado em sua própria morte. Nem que a pior forma de morrer seria aquela, pela mão de um semelhante. Também, se alguém lhe dissesse que o encapuzado da moto era um semelhante seu, ele não acreditaria. Nem que fosse o padre quem dissesse. Nem que fosse o pastor.

Ainda teve tempo de pensar nele menino empinando pipa. Pensou em guaraná maconha Maria Inês calcinha peito final da Libertadores. Não pensou na palavra chacina. Queria evitar, mas o seu pensamento gritou mãe. Se sua voz não gemesse de novo, o cara talvez nem voltasse pra dar outro tiro.

Nunca teria imaginado que, no dia seguinte, o delegado do bairro diria no jornal que aquilo foi briga de pobre matando pobre, de bandido matando bandido.

Clientes especiais

Antes de mais nada, como já se notou, existe o viés social. De um lado, existem *jovens* que ocasionalmente cometem atos delinquentes. É o caso de Júlio, Leonardo e seus colegas, espancadores da Barra. Inspiram-nos cuidado semelhante ao que dispensamos aos nossos filhos. Tentamos compreender: o que aconteceu? (Psicólogos são chamados a justificar.)

E existem os outros, os que já são bandidos antes de chegar (quando chegam) diante do juiz. A execução sumária confirma, *a posteriori*, o veredicto que a imprensa divulga sem questionar: "a polícia matou dezoito *suspeitos*"... "em confrontos com supostos *bandidos*"... Ninguém persegue o resultado das investigações sobre as tantas chacinas que caem no esquecimento.

O que distingue uns dos outros é o número do CEP: na Barra, nos Jardins, no Plano Piloto, vivem os jovens. Os outros, adultos anônimos desde os 14, vêm de bairros que não figuram no mapa: "periferia é periferia em qualquer lugar". Qualquer delegado de bom senso percebe na hora a diferença. Se a cor da pele confirmar o veredicto, melhor. A sociedade, representada pelo dr. Ludovico Ramalho, pai de Rubens, se tranquiliza: as travessuras dos "jovens", adultos infantilizados das classes A e B, não ameaçam a segurança da gente de bem. Espancaram uma doméstica, mas pensavam que fosse prostituta. Ah, bom.

Nos bairros onde vivem os jovens, não há solidariedade com os chacinados das favelas, com os executados a esmo em Queimados, com os meninos abatidos na praça do Jaraguá, em São Paulo. Os movimentos "pela paz" nunca se manifestam por eles. Mas, quanto mais o Brasil maltrata seus pobres, quanto mais a polícia sai impune dos excessos cometidos contra os anônimos cujas famílias não protestam por temor a represálias, quanto mais o país confia na lógica do "nós cá, eles lá", mais o gozo da violência se dissemina entre todas as classes sociais. Para pacificar o país, seria preciso redesenhar o mapa do respeito e da civilidade de modo a não deixar ninguém de fora. Uma sociedade que assiste sem se chocar, ou sem se mobilizar, ao extermínio dos pobres – bandidos ou não – está autorizando o uso da violência como modo de resolução de conflitos, à margem da lei.

Tomemos o ato de delinquência cometido pelos meninos "de família" da Barra, no Rio de Janeiro. Que a culpa seja dos pais, vá lá. As declarações do pai de Rubens Arruda são reveladoras. Não que ele não transmita valores ao seu filho. Mas serão valores relacionados à vida pública? Não terá o dr. Ludovico educado seu filho para "levar vantagem em tudo"? Esse pai não admite que o filho seja punido pelo crime que cometeu. Há os que não admitem que a escola reprove o jovem que tirou notas baixas, os que ameaçam o síndico do condomínio que mandou abaixar o som depois das 22 horas etc. Olham o mundo pela óptica dos direitos do consumidor: se eu pago, eu compro. Entendem seus direitos (mas nunca seus deveres) pela lógica da vida privada, como fizeram as elites portuguesas desde a colonização. Quem disse que os jovens não lhes obedecem? Obedecem direitinho. Param em fila dupla, jogam lixo nas ruas, humilham os empregados – igualzinho aos seus pais.

Vez por outra, quando os pais precisam impor alguma interdição, já não se sentem capazes. O que nos coloca a pergunta: que valores, que representações, no imaginário social, sustentam o exercício necessário da autoridade paterna? Em nome de quê um pai ou uma mãe, hoje, sentem-se autorizados a coibir ou mesmo punir seus filhos? A autoridade não é um atributo individual das figuras paternas. A autoridade dos pais – e da escola, que também anda em apuros (quem viu o filme de João Jardim?*) – deriva de uma lei simbólica que interdita os excessos de gozo. Uma lei que deve valer para todos. O pai que "tem moral" com seus filhos é aquele que também se submete à mesma lei, traduzida em regras de civilidade, de respeito e da chamada boa educação.

Mas em nome de quê, no imaginário social, a lei simbólica se transmite? Já não falamos em "Deus, Pátria e Família", significantes desmoralizados em nome dos quais muitos abusos foram cometidos, sobretudo no período de 1964 a 1980. No lugar deles, no entanto, quais outros valores ligados à vida pública foram in-

---

* Referência a *Pro dia nascer feliz* (2005), documentário dirigido por João Jardim sobre o sistema educacional brasileiro. (N. E.)

ventados pela sociedade brasileira? Em nome de quê um pai que diz "não pode" responde à inevitável pergunta: "Não posso por quê?".

Ocorre que a palavra de ordem que organiza nossa sociedade dita de consumo (onde todos são chamados, mas poucos escolhidos) é: você pode. Você merece. Não há limites pra você, cliente especial. Que o apelo ao narcisismo mais infantil vise mobilizar apenas a vontade de comprar objetos não impede que narcisismo e infantilidade governem a atitude de cada um diante de seus semelhantes – principalmente quando o tal semelhante faz obstáculo ao imperativo do gozo. O que queriam os rapazes que espancaram Sirlei? Um celular usado? Um trocado para comprar mais um papel? Descontar a insegurança sexual?

No limits, diz um anúncio de tênis. Ou de cigarro, tanto faz. E os meninos obedecem. No fundo, são rapazes muito obedientes. Se a ordem é passar dos limites, pode contar com eles.

Nós é que caímos

Quando esta crônica for publicada, o assunto já estará superado, pelo menos do ponto de vista da informação jornalística. O avião da TAM caiu ontem, dia 17/7, e a revista deve sair em meados de agosto. Mas esta não é uma revista normal, do ponto de vista dos interesses comerciais da venda de novidades. Deve suportar uma reflexão sobre um tema *vencido*. Aliás, é por isso que escrevo: não quero que o tema fique vencido. Escrevo no escuro, em um exercício de futurologia, sem saber se os fatos que motivam minha escrita hoje terão ou não se modificado radicalmente até a data de publicação da revista.

Mas sou capaz de apostar que as perguntas que tenho a fazer não terão perdido a atualidade. Por exemplo: quantas autoridades caíram depois da tragédia com o *airbus* da TAM em Congonhas? Terá caído o comandante da Aeronáutica, brigadeiro Juniti Saito? Ou José Carlos Pereira, também brigadeiro, presidente da Infraero? Ou o ministro [da Defesa] Waldir Pires? Terá o comando da Aeronáutica, finalmente, decidido escutar as insistentes queixas e advertências dos controladores de voo ou seus líderes continuarão afastados por insubordinação? Caso alguém tenha se dignado a assumir a responsabilidade pela tragédia, quanto tempo de embromação e empurra-empurra terá se passado até a primeira demissão relevante?

Em janeiro, quando a cratera da linha amarela do Metrô de São Paulo engoliu sete passantes desavisados (duplo descaso: com a segurança da obra e com o sistema de alarme que poderia ter poupado *todas aquelas vidas*), muitas semanas se passaram até a demissão do presidente do Metrô. Depois disso, técnicos e trabalhadores começaram a denunciar as gambiarras que foram feitas para economizar material nas estações da linha amarela.

O presidente Lula costuma alegar que ninguém pode ser considerado culpado antes de investigação e julgamento. Isso vale para o presidente da Infraero, para os "nobres" senadores como Calheiros e Roriz. Parece que a regra só não tem validade nas favelas do Rio e São Paulo, onde a polícia anuncia o veredicto da culpa por cima dos cadáveres que ela pré-julgou. Mas aquelas são áreas *pouco nobres*, onde o país parece aceitar, sem escândalo, a suspensão do Estado de Direito.

Existe uma enorme diferença entre culpa e responsabilidade. A responsabilidade é o preço que todos pagamos pelas nossas escolhas; daí que ela se torne mais pesada, mais consequente, para aqueles de cujas escolhas depende a vida de tantos outros. Responsabilizar-se é o ato simbólico que legitima o exercício da autoridade. Não é questão de culpa, é de vergonha.

Muita coisa vem melhorando no país, sob o governo Lula. A economia cresce e, o que é inédito, a renda das famílias tem aumentado mais entre os pobres, sobretudo no Norte e Nordeste. Mas os valores econômicos são insuficientes para dignificar a vida social. Valores econômicos são *meios* que não devem girar apenas sobre si mesmos. Com quais outros valores se constrói uma sociedade justa, progressista, participante e digna? Essa pergunta é fundamental para que o crescimento econômico do Brasil não se dê à custa da desmoralização da sociedade inteira, a começar por suas instituições parlamentares (e daí para baixo, em efeito cascata). O Brasil precisa medir sua grandeza por parâmetros extraeconômicos, sem amesquinhar os ideais que sustentam a vida pública.

Sete meses depois da vergonhosa tragédia na obra do Metrô de São Paulo, quem responderá pelas vítimas da derrapagem do avião da TAM perante a sociedade brasileira? Alguém terá se responsabilizado pessoalmente pelas más condições da pista de pouso, pelo caos do aeroporto de Congonhas? Talvez não. No Brasil, autoridades não caem. Quem cai somos nós, das nuvens ou do sétimo andar.

Fatalismo

Na tarde em que 46 senadores da República, protegidos pelo caráter secreto tanto do voto quanto da própria sessão, decidiram absolver Renan Calheiros do primeiro pedido de cassação feito pelo Conselho de Ética do Senado, os últimos petistas do país entraram em profunda depressão. Sabemos que muitos senadores do próprio PT, por razões obscuras que a meu ver excedem o pretexto da "governabilidade", se abstiveram de votar ou votaram pela absolvição de seu *nobre* colega. Se desde 2005 os eleitores e militantes não sabem quantos, entre os políticos eleitos pelo PT, permanecem petistas, agora temos a impressão de que a sigla nos foi definitivamente roubada. Aqueles que se consideram petistas em função do compromisso histórico com o projeto político e os valores éticos que o partido um dia representou perderam qualquer condição de ostentar o simpático símbolo da estrelinha. Projetos políticos talvez não resistam intactos à experiência concreta do poder: é próprio da democracia que um governo seja forçado a negociar suas promessas de campanha. Mas compromissos éticos deveriam ser, pela própria natureza, inegociáveis. Não podem ser negociados a depender dos interesses, declarados ou obscuros, dos representantes do povo.

A depressão, que Walter Benjamin chama elegantemente de melancolia, é indissociável do fatalismo, esse sentimento de insignificância que nos toma quando nos vemos diante de forças que ultrapassam qualquer possibilidade humana de ação. Chamamos de "fatalidades" as grandes catástrofes naturais diante das quais o engenho humano pouco ou nada pode. Chamamos de fatalistas aqueles que se demitem diante do que consideram um destino inelutável. *Fatum*, fado, destino fatal. Contra a fatalidade, nada se pode fazer. Mas, contra os outros desafios e reveses da vida, contamos com o quê? Com a coragem e a criatividade. E, acima de tudo, com a ação política.

O fatalismo melancólico, escreveu Benjamin, nos abate quando nos vemos diante de um "mundo vazio". Vazio de nossa intervenção, em um quadro em que as ações humanas são privadas de valor. A economia, no governo Lula, vai bem. Um tímido projeto político de distribuição de renda e justiça social está em andamento, com resultados favoráveis aos mais pobres. Mas a lógica econômica não pode prevalecer sobre a ética na política. Um governo que não consegue sustentar nenhum preceito simbólico superior aos interesses econômicos – ou, o que é pior, no cenário atual, aos interesses corporativos e privados – lança a sociedade em um cenário de "topa tudo por dinheiro" que põe em risco a própria ordem social. Um governo que fecha os olhos para a falta de ética, de decoro e de transparência em nome da governabilidade produz, na sociedade, efeitos ingovernáveis – além de uma descrença generalizada, próxima do abatimento melancólico.

Walter Benjamin escreveu que a melancolia fatalista, no quadro da luta de classes, é provocada pela "identificação afetiva com os vencedores". É quando os derrotados abrem mão de sua história e abandonam sua perspectiva, fascinados pelo "cortejo triunfal" dos que os derrotaram. A famosa frase "nunca há um documento da cultura que não seja, ao mesmo tempo, um documento da barbárie"* coroa o límpido argumento de Walter Benjamin. Se um dia os *vencedores de turno*, que já se curvaram de maneira fatalista ante as condições impostas pelas velhíssimas oligarquias ao exercício da política no Brasil, resolverem erguer um monumento à sua vitória, quero ficar fora dele.

P.S.: O Brasil é uma república desde 1889, quando aboliu a monarquia e, com ela, todas as distinções sociais baseadas em critérios de sangue. A nobreza, como classe "naturalmente" superior, não existe mais. Sintomaticamente, o Legislativo continua a empregar a palavra "nobre" no trato com senadores e deputados. Deputados e senadores são plebeus como nós, e deveriam nos representar a partir de convicções plebeias, no melhor sentido da palavra. A designação de nobreza falseia o caráter republicano do governo brasileiro. E favorece exatamente as práticas de proteção de uma casta contra os interesses e as interferências da plebe rude, que somos todos nós.

---

* Walter Benjamin, "Tese VII", citado em Michael Löwy, *Walter Benjamin: aviso de incêndio (uma leitura das teses "sobre o conceito de história")* (São Paulo, Boitempo, 2005), p. 70. (N. E.)

O que pode uma mulher?

Depois de te perder,
te encontro com certeza
Talvez num tempo da delicadeza

Chico Buarque e Cristóvão Bastos, "Todo o sentimento"

Os argentinos, quem diria! Os últimos representantes daquela escola para homens que aqui, no Brasil, já fechou, elegeram uma presidente mulher. Ponto para eles – não tanto pelo aspecto político da escolha, mas pelo antimachismo. Temos também Michelle Bachelet, no Chile, e Angela Merkel, na Alemanha. Benazir Bhutto sacudiu a ditadura no Paquistão. A somali Ayaan Ali, refugiada na Holanda para escapar da lei islâmica, foi deputada pelo partido conservador de lá. As mulheres estão tomando o poder? O mundo vai virar de cabeça para baixo?

Não nos precipitemos. Mulheres no poder não constituem uma novidade assim tão espantosa. Pensem na rainha Vitória, em Catarina de Médici e Isabel de Castela. No século XX, tivemos Margaret Thatcher, Indira Gandhi, Golda Meir. O poder é um lugar que tolera excentricidades, desde que não alterem seu funcionamento e os compromissos que o sustentam. Mulheres no poder não garantem, como sonhamos nos anos 1960, políticas mais justas, mais humanitárias. Podem ser tão truculentas e injustas quanto os homens. Condoleezza Rice não pratica as políticas dos sonhos dos movimentos feministas. Nem dos movimentos negros. Se o feminismo lutou pelo reconhecimento de que a diferença entre os sexos não implica diferenças de talento e competência, temos de admitir que também não garante diferenças éticas.

As poucas mulheres que se destacam em altos cargos políticos interessam menos do que a trajetória de milhões de anônimas para as quais o verbo *poder* importa mais do que o substantivo. Hoje, se diz que as mulheres "estão podendo".

O início desse deslocamento empreendido pelas mulheres em direção ao território ocupado pelos homens foi registrado por Virginia Woolf em seu diário: ela escreveu que, na Inglaterra da década de 1920, a humanidade estava se transformando, ou pelo menos 50% dela – ou seja, as mulheres.

Ocorre que os 50% de mulheres não se moveram de seus lugares tradicionais sem abalar a suposta identidade da outra metade. Masculino e feminino são campos escorregadios que só se definem por oposição, sempre incompleta, um ao outro. São formações imaginárias que buscam produzir uma diferença radical e complementar onde só existem, de fato, *mínimas diferenças*. O resto é questão de estilo.

Até pelo menos a segunda metade do século XIX, o divisor de águas era claro: os homens ocupavam o espaço público, as mulheres tratavam da vida privada. Privada de quê? De visibilidade, diria Hannah Arendt. De visibilidade pública.

O termo é impreciso, pois nunca faltou visibilidade ao corpo feminino. Nem sob os véus islâmicos. Nem sob o jugo torturante de anquinhas e espartilhos. Do que as mulheres estiveram privadas até o século XX foi de *presença pública*, manifesta não em imagem, mas em palavra. A palavra feminina, reservada ao espaço doméstico, não produzia diferença na vida social. Ouvi do filósofo Bento Prado, em 1988, uma brilhante interpretação para a provocação lacaniana que diz: "não existe A mulher". Prado sugeriu que a inexistência de um significante que represente, no inconsciente, o conjunto das mulheres, deve-se ao fato de elas, durante séculos, não terem inscrito sua experiência no campo da cultura. Foram objetos do discurso dos homens, não sujeitos de um discurso próprio.

No último século, o avanço das mulheres sobre todos os espaços da vida pública abalou a sustentação imaginária da diferença, dita "natural", entre os sexos. Isso produziu nos homens o efeito de uma perda. Ou de uma feminização. A masculinidade, construção discursiva tão cultural como a feminilidade, vem sendo profundamente abalada. A pergunta freudiana "o que quer uma mulher?" foi substituída, em nossos dias, por: o que é um homem? O que um homem precisa fazer para provar que é realmente um homem?

Se, na vida pública, os campos já se embaralharam de maneira irreversível, na vida privada a resposta parece banal: um homem "se garante" ao satisfazer sua mulher. Isso torna o poder sexual delas quase intolerável, com efeitos terríveis de aumento da violência doméstica. Se a satisfação da mulher é a prova dos nove da masculinidade do homem, pode-se dizer que esta é hoje uma fortaleza sitiada. Ou uma "identidade" (aspas necessárias) acuada. Os acuados, como se sabe, costumam ficar violentos – mas a brutalidade não pode ser o último avatar da masculinidade.

Desde a popularização dos métodos anticoncepcionais, nada mais obriga uma mulher a permanecer casada nem fiel ao homem que não a satisfaz – supondo, como é provável que ela pense, que o problema seja apenas dele. Presumindo que, no sexo, alguém possa satisfazer ao outro por completo. Outro aforismo provocativo de Lacan, "não existe a relação sexual", refere-se à impossibilidade de complementariedade perfeita entre os sexos. Até mesmo o casamento, que, na modernidade, inspirou-se na ideia de que homem e mulher poderiam formar dois-em-um, já não é o que prometia ser.

Resta a histeria, essa forma de sofrimento neurótico que muitos psicanalistas (homens) consideram como o paradigma da feminilidade. A histérica acredita n'O Homem como detentor do falo – o que a torna irresistível para os que ainda esperam manter os territórios masculino e feminino rigorosamente diferenciados. Só que a demanda histérica é impossível de satisfazer, o que acaba por desmoralizar o poder masculino. A histeria seria uma espécie de "feminismo espontâneo", na expressão de Emilce Dio Bleichmar: uma recusa do lugar estereotipado de castradas aliada à ignorância sobre o caráter simbólico do falo e da castração.

A alternativa seria a invenção de uma nova arte erótica, mais de acordo com as possibilidades de troca que já estão abertas, embora mal aproveitadas, a partir das novas configurações do masculino e do feminino. A relativa feminização dos homens e a recém-conquistada "masculinidade" das mulheres podem contribuir para romper os automatismos sexuais que sempre empobreceram a experiência erótica de uns e de outras. Se a delicadeza não precisa estar *toda* do lado das mulheres, os homens já não precisam se garantir pela força. Nem pela brutalidade.

Alguns meninos e meninas das novas gerações pós-feminismo sabem disso. Mas é preciso coragem e um pouco de imaginação para ultrapassar a miragem fálica que estereotipa a diferença sexual. As mulheres, que já nasceram "sem nada a perder", poderiam ensaiar a mestria nas artes eróticas que a imaginação literária há muito lhes havia reservado.

O impensável

O inimaginável acontece. Supera nossa capacidade de prever o pior. Conduz-nos até a borda do real e nos abandona ali, pasmos, incapazes de representar mentalmente o atroz. O pior pesadelo do escritor Primo Levi, em Auschwitz, era voltar para casa e não encontrar quem acreditasse no horror do que ele tinha para contar.

Acreditar no horror exige imaginá-lo de perto e arriscar alguma identificação com as vítimas, mesmo quando distantes de nós. Penso no assassinato dos cidadãos cariocas David Florêncio da Silva, Wellington Gonzaga da Costa e Marcos Paulo Rodrigues por onze membros do Exército encarregados de proteger os moradores do morro da Providência, no Rio de Janeiro. Assassinados por militares, sim, pois não há diferença entre executar os rapazes e entregá-los à sanha dos traficantes do morro rival. A notícia é tão atroz que o leitor talvez tenha se inclinado a deixar o jornal e pensar em outra coisa.

Não por insensibilidade ou indiferença, quero crer, mas pela distância social que nos separa deles, abandonamos mentalmente os meninos mortos à dor de seus parentes. Abandonamos os familiares que denunciaram o crime às possíveis represálias de outros "defensores da honra da instituição". Desistimos de nossa indignação sob o efeito moral das bombas que acolheram o protesto dos moradores da Providência. Nós, público-alvo do noticiário dos jornais e da TV, que tanto nos envolvemos com os assassinatos dos "nossos", viramos a página diante da morte sob tortura de mais três rapazes negros, moradores dos morros do Rio de Janeiro. É claro que esperamos que a justiça seja feita. Mas guardamos distância de um caso que jamais aconteceria com um de nós, com nossos filhos, com os filhos dos nossos amigos.

O absurdo é uma das máscaras do mal: tentemos enfrentá-lo. Façamos o exercício de imaginar o absurdo de um crime que parece ter acontecido em outro universo. Como assim, demorar mais do que cinco minutos para esclarecer a confusão entre um celular e uma arma? E por que a prisão por desacato à autoridade? Os rapazes reclamaram, protestaram, exigiram respeito – ou o quê? Não pode ter sido grave, já que o superior do tenente Ghidetti liberou os acusados. Mas o caso ainda não estava encerrado? O tenente, que não se vexa quando o Exército tem de negociar a "paz" no morro com os traficantes, sentiu-se humilhado por ter sido desautorizado diante de três negros, mais pés de chinelo que ele? Como assim, obrigá-los a voltar para o camburão – até o morro da Mineira? Entregues nas mãos dos bandidos da facção criminosa Amigos dos Amigos (ADA) em plena luz do dia, como um "presentinho" para eles se divertirem? Era para ser "só uma surra"? Como assim?

Imaginaram o desamparo, o desespero, o terror? Não consigo ir adiante e imaginar a longa cena de tortura que conduziu à morte dos rapazes. Mas imagino a mãe que viu seu filho ensanguentado na delegacia e não teve mais notícias, entre sábado e segunda-feira. E que depois reconheceu o corpo desfigurado, encontrado no lixão de Gramacho. Imagino a cena que ela nunca mais conseguirá deixar de imaginar: as últimas horas de vida de seu menino, o desamparo, o pânico, a dor. "Onde o filho chora e a mãe não escuta", era como chamávamos as dependências do DOI-Codi onde tantos morreram nas mãos dos torturadores.

Ainda falta imaginar a promiscuidade entre o tenente, seus subordinados e os assassinos do morro da Mineira: o desacato à autoridade é crime sujeito a pena de morte e a tortura de inocentes é objeto de cumplicidade entre traficantes e militares? Claro, os traficantes serão mortos logo mais, pelo trabalho sujo do Bope. Se outros cidadãos morrerem por acidente, azar deles; são as vicissitudes da vida na favela.

Quando membros corruptos da Polícia Militar carioca mataram a esmo trinta cidadãos em Queimados, houve um pequeno protesto em Nova Iguaçu. Cem pessoas nas ruas, familiares dos mortos, nada mais. Nenhum grupo pela paz foi a Queimados. Nenhum movimento do tipo Viva Rio reuniu gente de branco em marcha por Ipanema. Ninguém gritou "basta!" na Zona Sul. Não é a mesma cidade; não é o mesmo país. Não nos identificamos com os absurdos que acontecem com eles.

Não haverá um freio espontâneo para a escalada da truculência da polícia e do tráfico, nem para o franco conluio entre ambos (que inclui, sabemos agora, alguns membros do Exército) que vitima, sobretudo, cidadãos inocentes. Não haverá solução enquanto a outra parte da sociedade, a chamada Zona Sul – do Rio de Janeiro, de São Paulo, de Brasília e do resto do país –, não se posicionar radicalmente contra essa espécie de política de extermínio não oficial, mas consentida, que assistimos incrédulos, contra os negros pobres do Rio de Janeiro.

Qual preço você pagaria?

Uma recente polêmica com o crítico Marcelo Coelho acerca do pessimismo me fez prestar atenção nos textos do colunista Luiz Felipe Pondé. Na réplica a Coelho, Pondé reivindicou para si o pessimismo de Franz Kafka – o que me pareceu um tanto desmedido*. Na segunda-feira passada, a crônica "O quarto"** me levou a pensar novamente sobre o pessimismo e o paradigma ético que ele encerra.

Ao evocar o julgamento da ex-guarda da SS no filme *O leitor*, o colunista convida seus próprios leitores a se colocarem na pele da personagem de Kate Winslet quando pergunta aos juízes: "No meu lugar, o que você faria?". O crime em questão não era ter se alistado na Gestapo "por precisar de emprego", mas ter trancafiado trezentas prisioneiras judias em uma igreja em chamas para impedi-las de fugir. "Meu dever era manter a ordem", responde a personagem. No lugar dela, o que você faria?

A questão é tão fundamental quanto irrespondível. Hoje, seríamos todos resistentes; seríamos todos heróis. É fácil julgar fatos passados através das lentes já estabelecidas pela posteridade, sobretudo quando os vencedores estão indiscutivelmente do lado, digamos, do bem. Mas se você estivesse lá, no olho do furacão, sem entender direito o que se passava, o que teria feito? Do lado das vítimas (para neutralizar um pouco a questão), quantas famílias judias tiveram a oportunidade

---

* Marcelo Coelho, "Os doutores do pessimismo", *Folha de S.Paulo*, Ilustrada, 21/1/2009. Luiz Felipe Pondé, "Metamorfoses", *Folha de S.Paulo*, Ilustrada, 9/2/2009. (N. E.)
** Luiz Felipe Pondé, "O quarto", *Folha de S.Paulo*, Ilustrada, 23/2/2009. (N. E.)

de deixar a Alemanha e não o fizeram, incapazes de imaginar a que ponto o mal que as ameaçava poderia chegar?

Mas houve um momento em que se tornou impossível ignorar a radicalidade da política de extermínio da camarilha de Hitler. Então, a opção pela neutralidade deixou de existir. Cada cidadão não judeu que optasse pelo conforto moral de pensar "isso não é comigo" sabia ser coautor do assassinato de seus concidadãos. Para entender isso, é preciso, como escreveu Susan Sontag em seu último livro, *Ao mesmo tempo*, "transportar-se mentalmente para um tempo em que a maioria das pessoas aceitava que o curso da vida delas seria determinado mais pela história do que pela psicologia, mais pelas crises públicas do que pelas particulares".

Façamos de conta que esse tempo passou; que hoje as grandes questões éticas podem e devem ser decididas a partir dos parâmetros exclusivos da vida privada. A isso nos convida Pondé, ao descrever a vida de uma inocente família alemã que escondia judeus em um quarto da casa. Para apelar aos valores que nos são mais caros hoje, Pondé descreve o drama familiar aos olhos da criança da casa, que não entende por que o pai a estaria submetendo ao desconforto, ao perigo, ao mau cheiro que exalava do misterioso quartinho fechado. Pondé cita uma pesquisa em que adultos que passaram por situações parecidas na infância afirmaram ter imaginado que seus pais não os amavam, pois, se os amassem, não os teriam colocado em risco por causa de estranhos.

A resposta demonstra até que ponto a vida se privatizou e a família tornou-se o único valor indiscutível aos olhos da maioria. Quando os filhos se tornam o único ideal de seus pais, estes não têm nada a lhes transmitir. A não ser, talvez: "sejam felizes". A qualquer preço? Avancemos um pouco mais na perspectiva da criança: como viveria mais tarde o adulto cujos pais enviaram vizinhos e conhecidos para a câmara de gás por amor a ele? Como suportaria gozar a vida depois disso? Quanto cinismo seria preciso mobilizar para seguir vivendo, indiferente às consequências dessa escolha?

Se só se pode julgar a história pela lente da história, sabemos hoje que a indiferença pelo destino dos não familiares e a escolha de cuidar da própria vida e ignorar a dos outros hoje têm um nome: cumplicidade criminosa. Foi essa pretensa neutralidade, ao preço de uma brutal desidentificação com a condição humana, que instalou na Alemanha o que Hannah Arendt chamou de "banalidade do mal". O pessimismo de Kafka advém de não querer ignorar do que as pessoas são capazes; do que a indiferença subserviente é capaz. Nada a ver com o suposto pessimista que não acredita em nada para se manter mais ou menos de acordo com tudo. Esse é o mal do século XX (e XXI), que Walter Benjamin batizou de fatalismo melancólico.

Ninguém escolhe a época em que lhe coube viver. Cada uma delas tem um preço. No caso do Holocausto, os inocentes que sobreviveram para um dia se queixarem "meu pai não me amava porque protegeu estranhos" devem saber que, naquelas condições extremas, pagaram barato.

Sonhos do avesso

Dizem que Karl Marx descobriu o inconsciente três décadas antes de Freud. Se a afirmação não é rigorosamente exata, não deixa de fazer sentido, uma vez que Marx, no capítulo de *O capital* sobre o fetiche da mercadoria, estabeleceu dois parâmetros conceituais imprescindíveis para explicar a transformação que o capitalismo produziu na subjetividade. São eles os conceitos de fetichismo e alienação, ambos tributários da descoberta da mais--valia – ou do inconsciente, como queiram.

A rigor, não há grande diferença entre o emprego dessas duas palavras na psicanálise e no materialismo histórico. Em Freud, o fetiche organiza a gestão perversa do desejo sexual e, de forma menos evidente, de todo o desejo humano; já a alienação não passa de efeito da divisão do sujeito, ou seja, da existência do inconsciente. Em Marx, o fetiche da mercadoria, fruto da expropriação alienada do trabalho, tem um papel decisivo na produção "inconsciente" da mais-valia. O sujeito das duas teorias é um só: aquele que sofre e se indaga sobre a origem inconsciente de seus sintomas é o mesmo que desconhece, por efeito dessa mesma inconsciência, que o poder encantatório das mercadorias é condição não de sua riqueza, mas de sua miséria material e espiritual. Se a sociedade em que vivemos se diz "de mercado" é porque a mercadoria é o grande organizador do laço social.

Não seria necessário recorrer a Marx e Freud para defender o caráter político das formações do inconsciente. Bastaria citar a frase "o inconsciente é a política", proferida por Lacan, que convocou os psicanalistas a se empenharem para "alcançar em seu horizonte a subjetividade de sua época". Mas insisto em recorrer aos clássicos para lembrar aos lacanianos extremados que a verdade não nasceu por geração espontânea da cabeça de Lacan.

Se Freud fundou a psicanálise ao vislumbrar, no horizonte de sua época, as razões da insatisfação histérica, é nossa vez de tentar escutar o que mudou desde então, à medida que a norma produtiva/repressiva foi sendo substituída pela norma do gozo e do consumo. Alguns sintomas, na atualidade, têm se tornado mais frequentes e mais incômodos do que as formas consagradas das neuroses e das psicoses no século passado. Hoje, as drogadições, os transtornos alimentares, os quadros delinquenciais e as depressões graves desafiam os analistas a repensar a subjetividade. Isso não implica necessariamente que as antigas estruturas clínicas tenham se tornado obsoletas. O que encontramos hoje nos consultórios psicanalíticos é um novo sujeito? Ou são novas expressões sintomáticas que buscam responder ao velho conflito entre as pulsões e o *super-eu* – este representante das interdições e das moções de gozo, no psiquismo? O sujeito contemporâneo está mais próximo do perverso, que sabe driblar a falta pelo uso do fetiche? Ou é ainda o neurótico comum, que, em vez de tentar seguir à risca a norma repressiva, tenta obedecer a um mestre fetichista que lhe ordena a transgredir e gozar além da medida?

Por enquanto, tenho escutado, em média, neuróticos mais ou menos estruturados tentando corresponder à suposta normalidade vigente, a qual – esta sim – já não é mais a mesma nem do tempo de Freud nem do de Lacan. A "crise do sujeito", outra face da chamada "crise da referência paterna", corresponde, a meu ver, ao deslocamento e à pulverização das referências que sustentavam, até meados do século passado, a transmissão da lei. Não se trata da ausência da lei na atualidade, mas da fragilidade das formações imaginárias que davam sentido e consistência à interdição do incesto – a qual, desde Freud, é considerada condição universal de inclusão dos sujeitos na chamada vida civilizada, seja ela qual for. Se o homem contemporâneo sofre do que Charles Melman chamou de falta de um centro de gravidade, é porque as referências tradicionais – Deus, Pátria, Família, Trabalho, Pai – pulverizaram-se em milhares de referências optativas, para uso privado do freguês. O *self-made man* dos primórdios do capitalismo deixou de ser o trabalhador esforçado e econômico para se tornar o gestor de seu próprio "perfil do consumidor" a partir de modelos em oferta no mercado. Cada um tem o direito e o dever de compor a seu gosto um campo próprio de referências, de estilo, de ideais. Aparentemente, não devemos mais nada ao Pai e ao grupo social a que pertencemos, dos quais imaginamos prescindir para saber quem somos.

Esse aparente apagamento da dívida simbólica não nos tornou menos culpados; ao contrário: hoje, escutamos pessoas que se dizem culpadas de tudo. Não citarei, em hipótese alguma, falas dos que se analisam comigo: daí o caráter ligeiramente caricato dos exemplos que se seguem, como expressões genéricas da transformação que o mercado produziu nos discursos.

A antiga donzela angustiada com as manifestações involuntárias de sua sexualidade reprimida – lembrem-se de que Freud relacionou o tabu da virgindade e a moral sexual entre as causas do mal-estar, no início do século XX – hoje se sente culpada por não usufruir tanto do sexo, das drogas e do *rock'n'funk* quanto deveria. O obsessivo escrupuloso, acossado por fantasias perversas, agora se queixa de seu bom comportamento: queria ser um predador sem escrúpulos, eliminar os rivais, abusar sem pudor das mulheres. As pessoas vivem culpadas por não conseguir gozar tanto quanto lhes é exigido. Culpadas por não alcançar o sucesso e a popularidade instantâneos, por perder tempo em sessões de análise – culpadas por sofrer. O sofrimento não tem mais o prestígio que lhe conferia o cristianismo. Sofrer não redime a dívida; ao contrário, reduplica os juros.

Sem recurso à referência a autoridades repressivas que faziam obstáculo aos prazeres, as pessoas têm dificuldades em justificar seus sintomas. Não encontram a quem endereçar suas queixas ou em quem apoiar seus ideais. "Meus pais são amigos, meus professores são legais, ninguém me impõe ou me impede nada: eu sou um otário porque não consigo ser feliz." O sentimento de culpa, como escreve Ehrenberg*, tomou a forma de sentimento de insuficiência. Assim, a resposta à dor psíquica não é buscada pela via da palavra, mas pelo consumo abusivo dos psicofármacos que prometem adicionar a substância faltante ao psiquismo deficitário. O remédio age em lugar do sujeito, que não se vê responsável por seu desejo e por suas escolhas. Não se concebe a vida como um percurso de risco que inclui altos e baixos, incertezas, acertos, dúvida, sorte, acaso. A vida é um empreendimento cujos resultados devem ser garantidos desde os primeiros anos – daí o surgimento de uma geração de crianças de agenda cheia de atividades preparatórias para a futura competição por uma vaga promissora no mercado de trabalho. Não por acaso, essas mesmas crianças estarão mais predispostas à depressão na adolescência, esvaziadas de imaginação, de vida interior, de capacidade criativa.

O universo amoroso e/ou familiar que substitui o espaço público como gerador de valores está totalmente atravessado pela linguagem da eficiência comercial. "Quem vai olhar para um modelo fora de linha como eu?" "Como promover a

---

* Alain Ehrenberg, *La fatigue d'être soi* (Paris, Odile Jacob, 2000). (N. E.)

otimização de meus finais de semana?" "Fiz as contas: com o que gastei na análise de meu filho já poderia ter trocado de carro duas vezes" – nesse caso, o analista sente-se tentado a sugerir que, de fato, ficaria mais em conta trocar de filho.

Vale ainda mencionar o estranho silêncio, nos consultórios dos analistas, em torno do eterno mistério do desejo e da diferença sexual. A falta de objeto que caracteriza a atração erótica parece ter sido ofuscada pela onipresença de imagens sexuais nos *outdoors*, na televisão, nas lojas, nas revistas – por onde olha, o sujeito se depara com o sexual desvelado que se oferece e o convida. As fantasias sexuais são todas *prêt-à-porter*. Seria ok, se o suposto desvelamento do mistério não produzisse sintomas paradoxais. O tédio, em primeiro lugar, entre jovens que se esforçam desde cedo para dar mostras de grande eficiência e voracidade sexuais. As intervenções cirúrgicas no corpo, de consequências por vezes bizarras, em rapazes e moças que pensam que a imagem corporal perfeita é a solução para o mistério que mobiliza o desejo. A reificação do sujeito identificado como mais uma mercadoria se revela no medo generalizado de não agradar.

O mistério do desejo persiste, assim como não deixa de existir o inconsciente: mas é como se suas manifestações não interrogassem mais os sujeitos.

Fascismo banal

"A massa não é confiável", escreveu Freud em *Psicologia das massas e análise do eu* (1920). Os indivíduos que participam de uma formação coletiva sob o comando do representante de algum ideal comum são capazes de atos que, se estivessem sozinhos, não se atreveriam a cometer. O superego individual tira uma folga em favor do superego coletivo. Em nome deste, o sujeito dissolvido na massa se precipita em atos extremos que jamais – ou sempre, em segredo – sonhara praticar.

Tentemos escutar o que ficou nas entrelinhas no episódio bárbaro do quase linchamento da aluna da Universidade Bandeirante de São Paulo (Uniban). A começar pela escolha dos significantes. Por que os meninos e meninas escandalizados e excitados com o míni rosa-*shocking* vestido pela colega Geisy Arruda chamaram-na de puta? Usar a palavra "puta" como insulto revela o ressentimento do homem diante do desejo sexual da mulher, quando esse desejo não é voltado para ele. Puta seria aquela que vai "com todos, menos comigo", como na divertida letra da canção gravada por Hermelino Neder. Só que uma prostituta não é simplesmente uma mulher que faz sexo com muitos homens. Nem é apenas uma mulher exageradamente sensual. É uma mulher que faz dessa prática seu ganha-pão. A mulher que faz sexo porque gosta, sem cobrar, não é prostituta. A prostituta é profissional, goste ou não do que faz. Umas (a maioria?) tomam essa via por mera necessidade. Outras, por amor à arte, como explicou Gabriela Leite. O que é menos aceitável, me parece, para a moral masculina convencional.

A profissão da prostituta sempre foi desqualificada nas sociedades em que o tabu da virgindade vigorava para as mulheres de "boas famílias". Até hoje, a palavra "puta" é utilizada para desqualificar uma mulher sexualmente livre – coisa que não sei se Geisy é ou não, nem vem ao caso. Ela pode ser só uma moça que se acha gostosa e gosta de se exibir. Nisso, não está sozinha. Desde o século passado (o XX), espera-se que as moças gostosas saibam vender sua imagem e tirar proveito disso.

Se os alunos erraram o alvo ao chamar Geisy de puta, a Uniban errou do começo ao fim. Primeiro: se a roupa da moça era inadequada, por que ela não foi barrada na porta? Segundo: parece que o próprio esquema de segurança da universidade demorou a ser acionado quando a confusão começou. Terceiro: não me lembro de haver menção à presença de alguém da diretoria capaz de responsabilizar-se pela ação dos próprios seguranças, quando o tumulto engrossou. Quarto: houve alguma orientação da direção, depois do incidente, para se discutir o assunto em classe com os alunos? Ou, antes disso: houve alguma medida punitiva, alguma suspensão de aulas ou rebaixamento de nota para os que pretendiam linchar e estuprar a moça? Alguma sindicância para detectar os líderes fascistas da massa? Se essas manifestações de massa enlouquecidas não são barradas e punidas, as pessoas entendem que estão autorizadas e a barbárie tende a se repetir. A expulsão de Geisy, por outro lado, me parece pura covardia da direção da Uniban: vamos nos livrar de um problema com o qual não sabemos lidar. A universidade, nesse caso, comportou-se segundo as normas da empresa lucrativa que ela é: procurou satisfazer o grande número dos clientes pagantes em detrimento de uma cliente-problema. O freguês, para o comerciante, tem sempre razão. Só que, ao se comportar como um estabelecimento comercial, a universidade desmoraliza-se como instituição de ensino e educação. Daí que nada garante que tais incidentes não se repitam, tanto por parte de alguma outra aluna que tentar se promover, valendo-se do mesmo artifício de Geisy, quanto do lado dos alunos e alunas que acham que, ao se sentir provocados, podem se comportar como um bando de foras da lei.

Outra questão que ficou fora do debate é a do excesso de erotização que a cultura do espetáculo promove sobre o corpo dos jovens de ambos os sexos. Essa é uma característica da sociedade atual, em que as pessoas circulam como mercadorias exibidas em vitrines. Quando Geisy defende-se, dizendo "Eu me visto como quero e como me sinto bem", esse aparente grito de liberdade encobre sua obediência aos padrões de sensualidade que vê na publicidade, nas novelas, nos filmes comerciais. Sente-se bem e se diz livre porque seu superego é formatado pelo exibicionismo compulsório instituído pela publicidade, cujo grande paradigma é a falsa espontaneidade dos participantes dos *reality shows*, todos muito obedientes às ordens-sugestões do apresentador. Se, para Geisy, está tudo bem assim, ninguém tem nada com isso. No entanto, o fato de ter sido a vítima no episódio bárbaro da Uniban não nos poupa de também discutir os efeitos de alienação sofridos pela moça.

As convenções que ditam como se deve aparecer em público nem sempre têm um fundo moral. Por vezes, apenas ajudam a clarear o que se espera das pessoas em determinados ambientes. No mundo contemporâneo, razões de ordem moral são bem menos determinantes do que as razões de classe social ou os padrões da "tribo" a que a pessoa escolhe pertencer. Não se vai à praia de terno e gravata sem correr risco de cair no ridículo, assim como não se vai a uma recepção *black tie* vestindo jeans e camiseta nem a um jantar em uma cobertura nos Jardins com um vestido comprado no Magazine Luiza. Ninguém, nem mesmo Geisy, com seu suposto amor à liberdade, faria isso, a não ser que quisesse escandalizar. Não sei se ela utilizaria o argumento "faço o que quero/uso o que gosto" se a exigência de adequação correspondesse a uma distinção de classe. Aposto que Geisy não iria a um casamento da filha de seu patrão com uma roupa inadequada: ficaria preocupadíssima em saber o que se "deve" vestir para adequar-se ao padrão do grupo. As revistas femininas têm sessões de consultas a estilistas e gente entendida em "o que devo vestir em tal ocasião?".

Ocorre que a universidade e a escola, em geral, são instituições bem menos prestigiosas do que os *shoppings* ou a Ilha de Caras. Desafiar as frágeis convenções das escolas é um recurso bastante cômodo para os jovens que gostam de posar de rebeldes sem correr grandes riscos. Imagino que Geisy não estivesse preparada para o surto de fúria sexual que despertou. Seu ato de inadequação foi grave? Penso que não; foi bobo, não mais que isso. A garota merecia o que lhe aconteceu? Absolutamente não. Mas vale dizer que a moça, em sua posição isolada, foi tão alienada quanto a turba que não soube dar uma expressão civilizada ao seu descontentamento. Isso do ponto de vista da alienação. Na perspectiva da gravidade do comportamento, nem se compara: a turba foi fascista e teria cometido um crime talvez bárbaro, se afinal os seguranças não tivessem finalmente decidido agir. Geisy não fez nada disso; apenas acreditou na regra contemporânea de que o freguês tem sempre razão.

De uma forma ou de outra, é sempre do velho superego que se trata. A moral tradicional explodiu na Uniban com a fúria do retorno do recalcado, aliada a quê? Ao velho comando a favor do gozo, do qual os jovens vivem perigosamente perto demais. A condenação de "puta, vagabunda" alia-se ao desejo de "lincha, estupra". São duas faces da mesma moeda, "goza/não goza", Kant e Sade de mãos dadas, tornados ambos mais cruéis na proporção direta do desprestígio do pensamento na sociedade atual. A conclusão ficaria por conta de Hannah Arendt: quando o pensamento torna-se supérfluo, abre-se o caminho para a banalidade do mal.

P.S.: Depois do ocorrido, Geisy voltou a se exibir em ambientes capazes de apreciar sem escândalo seu corpo e seu vestuário. Passou por alguns programas de TV e foi convidada para um camarote no carnaval carioca de 2010. Aprendeu, com a repercussão midiática de seu infortúnio, a proclamar: "Vou mostrar a todos que tenho valor. Não pensem que eu sou apenas um corpo provocante". Depois, sumiu da mídia. Espero que esteja bem, em outra universidade e em um emprego legal, uma vez que o valor de um belo corpo, na lógica do espetáculo, não costuma durar nem dois carnavais.

Fontes dos textos*

AOL
(Textos publicados entre 2002 e 2003)
"Deus é um vírus?"
"Exibidos e escondidos"
"Por uma vida menos banal"
"Propostas irrecusáveis"
"Sexo dos anjos"
"Speakeasy no divã"
"Telespectadores hiperativos"
"Uma identidade acuada"
"Vícios públicos, virtudes privadas"
"Vidas supérfluas, mortes anônimas"

Brasil de Fato
"Fascismo banal", de 12 a 18 de novembro de 2009, n. 350

Carta Maior (www.cartamaior.com.br)
"A matança dos suspeitos", 18 de maio de 2006

---

* A Boitempo Editorial agradece aos seguintes veículos que cederam graciosamente os textos publicados em suas páginas: *Brasil de Fato, Carta Maior, O Estado de S. Paulo, Folha de S.Paulo* e *Teoria e Debate*. (N. E.)

Época

"A lógica da droga está em toda a parte", 17 de março de 2003, n. 252

"À sua imagem e semelhança", 6 de janeiro de 2003, n. 242

"As drogas e a saúde do país", 31 de março de 2003, n. 254

"Futebol", 23 de dezembro de 2002, n. 240

O Estado de S. Paulo

"A morte do sentido", 3 de abril de 2010

"A pátria em copas", 12 de junho de 2010

"Antibiografia", 20 de fevereiro de 2010

"Cultura pra quê?", 21 de agosto de 2010

"Delicadeza", 15 de maio de 2010

"Dois pesos...", 2 de outubro de 2010

"Educação sentimental", 7 de agosto de 2010

"Eis que chega a roda-viva", 29 de maio de 2010

"Estradas", 24 de julho de 2010

"Há método em sua loucura", 10 de julho de 2010

"Meu tempo", 6 de fevereiro de 2010

"O que os homens querem da mulher?", 20 de março de 2010

"O que pode uma mulher", 29 de dezembro de 2007

"Os sem-cidade", 6 de março de 2010

"Os vira-latas do Bumba", 17 de abril de 2010

"Pra não dizer que não falei", 4 de setembro de 2010

"Repulsa ao sexo", 18 de setembro de 2010

"Tortura, por que não?", 1º de maio de 2010

"Tristes trópicos", 26 de junho de 2010

Folha de S.Paulo

"Clientes especiais", 1º de julho de 2007

"O impensável", 22 de junho de 2008

"Qual preço você pagaria?", 2 de março de 2009

"Sonhos do avesso", 6 de setembro de 2009

Teoria e Debate

"Fatalismo", setembro/outubro de 2007, n. 73

"Nós é que caímos", julho/agosto de 2007, n. 72

"O passado é um lugar seguro", março/abril de 2007, n. 70

"Sua única vida", maio/junho de 2007, n. 71

"Você tem medo de quê?", janeiro/fevereiro de 2007, n. 69

Sobre a autora

Maria Rita Kehl é brasileira, nascida em Campinas (SP), mãe de Luan e Ana. Foi jornalista entre 1974 e 1981 e segue publicando artigos em diversos jornais e revistas de São Paulo e do Rio de Janeiro. Editou a seção de cultura nos jornais *Movimento* e *Em Tempo*, periódicos de oposição à ditadura militar. Doutora em psicanálise pela Pontifícia Universidade Católica de São Paulo (PUC-SP), atua desde 1981 como psicanalista em clínica de adultos em São Paulo e, desde 2006, na Escola Nacional Florestan Fernandes (ENFF), do Movimento dos Trabalhadores Rurais Sem Terra (MST), em Guararema (SP). Em 2010, ganhou o prêmio Jabuti na categoria Livro do Ano de Não Ficção, com a obra *O tempo e o cão* (São Paulo, Boitempo, 2009). Também é autora dos seguintes livros, entre outros: *Deslocamentos do feminino* (Rio de Janeiro, Imago, 2008 – Tese de Doutoramento); *A fratria órfã: conversas sobre a juventude* (São Paulo, Olho d'Água, 2008); *Videologias* (São Paulo, Boitempo, 2004 – em coautoria com Eugênio Bucci); *Ressentimento* (São Paulo, Casa do Psicólogo, 2004); *Sobre ética e psicanálise* (São Paulo, Companhia das Letras, 2002).

OUTROS LANÇAMENTOS DA BOITEMPO EDITORIAL

O alfaiate de Ulm
LUCIO MAGRI
Tradução de **Silvia de Bernardinis**
Apresentação de **Marcos Del Roio**
Orelha de **Guido Liguori**

10 anos de governos pós-neoliberais no Brasil: Lula e Dilma
EMIR SADER (ORG.)
Orelha de **Maria Inês Nassif**

Alguém disse totalitarismo
SLAVOJ ŽIŽEK
Tradução de **Rogério Bettoni**

Bazar da dívida externa brasileira
RABAH BENAKOUCHE
Orelha de **Tania Bacelar de Araujo**
Quarta capa de **Carlos Eduardo Martins**

A corrupção da opinião pública
JUAREZ GUIMARÃES E ANA PAOLA AMORIM
Prefácio de **Venício A. de Lima**

Cypherpunks
JULIAN ASSANGE ET AL.
Tradução de **Cristina Yamagami**
Apresentação de **Natalia Viana**
Orelha de **Pablo Ortellado**

Estado e forma política
ALYSSON LEANDRO MASCARO
Quarta capa de **Slavoj Žižek**

Garibaldi na América do Sul
GIANNI CARTA
Tradução de **Flávio Aguiar e Magda Lopes**
Prefácio de **Luiz Gonzaga de Mello Belluzo**
Orelha de **Nirlando Beirão**

György Lukács e a emancipação humana
MARCOS DEL ROIO (ORG.)
Orelha de **Angélica Lovatto**

O homem que amava os cachorros
LEONARDO PADURA
Tradução de **Helena Pitta**
Prefácio de **Gilberto Maringoni**
Orelha de **Frei Betto**

Os limites do capital
DAVID HARVEY
Tradução de **Magda Lopes**
Revisão técnica de **Rubens Enderle**
Orelha de **Leda Paulani**
Quarta capa de **Fredric Jameson**

Menos que nada
SLAVOJ ŽIŽEK
Tradução de **Rogério Bettoni**

Mídia, poder e contrapoder
DÊNIS DE MORAES (ORG.)
Prefácio de **Raquel Paiva**
Orelha de **Milton Temer**

Para entender O capital, Livro I
DAVID HARVE
Tradução de **Rubens Enderle**
Orelha de **Marcio Pochmann**

Para uma ontologia do ser social II
GYÖRGY LUKÁCS
Tradução de **Ivo Tonet, Nélio Schneider e Ronaldo Vielmi Fortes**
Revisão técnica de **Ronaldo Vielmi Fortes**
Orelha de **Ricardo Antunes**
Prefácio de **Guido Oldrini**

📖 COLEÇÃO TINTA VERMELHA

Cidades rebeldes
DAVID HARVEY, ERMÍNIA MARICATO ET AL.
Prefácio de **Raquel Rolnik**
Quarta capa de **Paulo Eduardo Arantes e Roberto Schwarz**

📖 COLEÇÃO MARX/ENGELS

O capital, Livro I
KARL MARX
Tradução de **Rubens Enderle**
Textos introdutórios de **Jacob Gorender, José Arthur Giannotti**
e **Louis Althusser**
Orelha de **Francisco de Oliveira**

Lutas de classes na Rússia
KARL MARX E FRIEDRICH ENGELS
Tradução de **Nélio Schneider**
Organização de **Michael Löwy**
Orelha de **Milton Pinheiro**

📖 COLEÇÃO ESTADO DE SÍTIO

Coordenação de Paulo Arantes

Até o último homem
FELIPE BRITO E PEDRO ROCHA DE OLIVEIRA (ORG.)
Orelha de **Adriana Facina**

Opus Dei: arqueologia do ofício (Homo sacer, II, 5)
GIORGIO AGAMBEN
Tradução de **Daniel Arruda Nascimento**

Poder e desaparecimento
PILAR CALVEIRO
Tradução de **Fernando Correa Prado**
Apresentação de **Janaína de Almeida Teles**
Orelha de **Maria Helena Rolim Capelato**

Rituais de sofrimento
SILVIA VIANA
Orelha de **Gabriel Cohn**

📖 COLEÇÃO MARXISMO E LITERATURA

Coordenação de Leandro Konder

O capitalismo como religião
WALTER BENJAMIN
Organização de **Michael Löwy**
Tradução de **Nélio Schneider**
Orelha de **Maria Rita Kehl**
Quarta capa de **Jeanne Gagnebin**

Marx, manual de instruções
DANIEL BENSAÏD
Tradução de **Nair Fonseca**
Ilustrações de **Charb**
Orelha de **Marcelo Ridenti**

📖 COLEÇÃO MUNDO DO TRABALHO

Coordenação de Ricardo Antunes

O conceito de dialética em Lukács
ISTVÁN MÉSZÁROS
Tradução de **Rogério Bettoni**
Prefácio de **José Paulo Netto**
Orelha de **Ester Vaisman**

Riqueza e miséria do trabalho no Brasil II
RICARDO ANTUNES (ORG.)
Orelha de **Plínio de Arruda Sampaio**

Este livro foi composto em Adobe
Garamond, corpo 11/14,4, e impresso
em papel Pólen soft 80 g/m² na Gráfica
Paym para a Boitempo Editorial, em
março de 2014, com tiragem de 1.500
exemplares.

GRÁFICA PAYM
Tel. (11) 4392-3344
paym@terra.com.br